雪花之美，见于日本

笑意盈盈的和服美女，总给
人一种大家闺秀之感。

日本
若雪初见

Japan

✿

《亲历者》编辑部 编著

中国铁道出版社
CHINA RAILWAY PUBLISHING HOUSE

图书在版编目（CIP）数据

日本，若雪初见／《亲历者》编辑部编著 .—北京：
中国铁道出版社，2017.4
（亲历者）
ISBN 978-7-113-22384-7

Ⅰ．①日… Ⅱ．①亲… Ⅲ．①旅游指南－日本 Ⅳ．① K931.39

中国版本图书馆 CIP 数据核字（2016）第 234953 号

书　　　名：日本，若雪初见
作　　　者：《亲历者》编辑部　编著

策划编辑：聂浩智
责任编辑：孟智纯
编辑助理：杨　旭
版式设计：戴立志
责任印制：赵星辰

出版发行：中国铁道出版社（北京市西城区右安门西街 8 号　邮编：100054）
印　　刷：北京盛通印刷股份有限公司
版　　次：2017 年 4 月第 1 版　　　2017 年 4 月第 1 次印刷
开　　本：880mm×1230mm　1/32　印张：8　字数：280 千
书　　号：ISBN 978-7-113-22384-7
定　　价：48.00 元

也许就是艺伎手中的这一杯茶，
冬日旅途中所有的疲劳都会被驱散。

序

若雪般单纯与美好

　　原本这趟日本旅程最主要的目的是去过圣诞节与跨年，但随着旅行的深入，很多事情都不会像计划里那样按部就班。在日本，我们遇到了太多意料之外的惊喜和感动。

　　圣诞节当天，我们从大阪搭乘飞机去北海道，刚从新千岁机场回到札幌市区，走出札幌 JR 车站的那一刻，我看到了这 23 年第一次看到的雪，顿时不知所措。因为作为土生土长的"很南方的人"，在此之前就没见过雪景。

　　由于年末客人很多，酒店员工推荐的长脚蟹店没有空余座位，大晚上刚到北海道又不知道可以去哪里找吃的，便打算回酒店休息。但途中问路时无意间认识了一个很热心的日本朋友。她不仅给我们提供了热情的帮助，还带着我们去吃当地人才知道的正宗札幌拉面店。

　　元旦当天到达京都，正好遇到京都 61 年来最大的雪，也在随后的日子里很幸运地见到了"只闻其名，不见其影"的金阁寺雪景。

　　安排东京行程的时候才发现我们刚好可以赶上筑地市场年底最后一天开

市的日子。

到了函馆准备出发去看猴子泡温泉，查看闭馆时间的时候才发现，我们正好碰上函馆热带植物园年底最后一天开馆的日子。

世事就是那么奇妙。

或者说是因为每次旅途的不容易和心态的转变，所以每一个小细节都会变成一个个或让人感动，或让人温暖的瞬间，这些点点滴滴永存于心底，变成多年之后说起来还会笑起来的话题。

当然旅途中除了收获和美好，还有很多的遗憾。

因为时间没有估算好，从宇治赶到伏见已经天黑，没有在白天看到伏见稻荷大社的千鸟取的全景，只看到了个局部。

没有试穿和服，没有在北海道滑雪。

但是，也正是因为有这些遗憾，我才有再去日本的理由啊。

这一趟旅行我没有辞职，没有休学，没有什么轰轰烈烈出生入死的故事。这本书也许只是我的流水账，还请原谅我的絮絮叨叨和事无巨细，我只是希望能通过文字，把我的日本之行的所见所闻和发生的故事分享给你们。

ジャパ

JAP

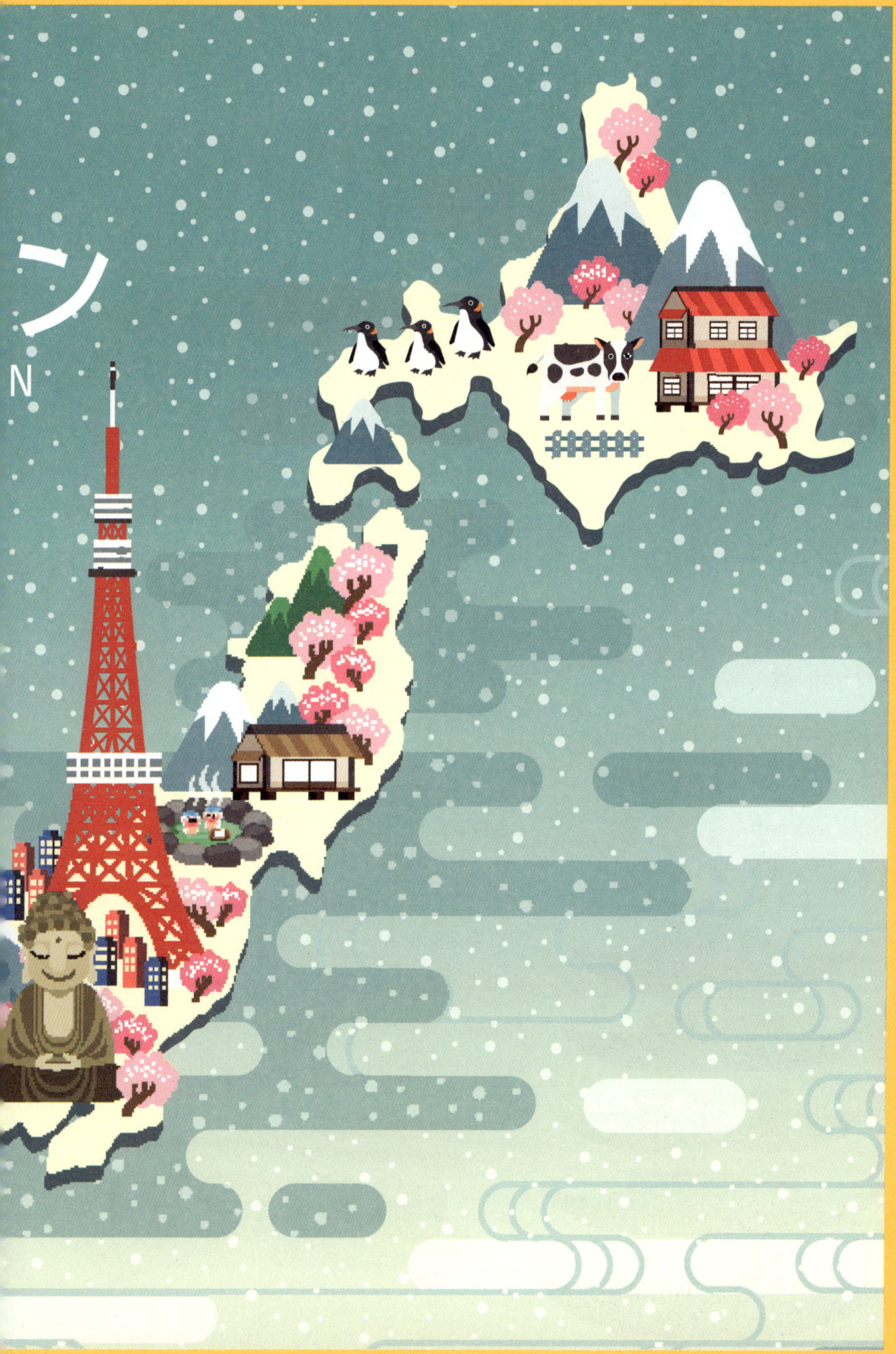
ン
N

Contents

目录

PART2

Osaka 大阪，日本厨房

PART3

北海道，我的人生初雪

PART4

东京，Hello T-o-k-y-o！

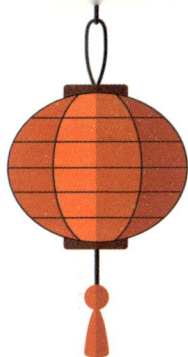

PART5

谁能凭爱意要富士山私有

PART6

京都，让我彻底沦陷

老妈，现在让我带你去玩

　　我妈是射手座的，雷厉风行，风风火火，从小一到暑假她就带我到处长见识，这个暑假去北京，下个暑假去新疆，还去了内蒙古，最远去过俄罗斯，高中的时候拉着去了一趟韩国。因为"厮混"太久，我妈跟我一起追过韩星，我不会告诉你，她认识 Super Junior 的每一个成员，之前还用电脑看他们的团综，心态那叫一个年轻。

　　时间在流失，年龄在增长，心态在变化，我们也不再那么"非主流"，女孩子的早熟提前让我明白，是时候靠自己来感恩父母了。没参加过工作，永远也不知道挣钱养家的辛苦，老爸的默默付出成就了我们娘俩的"肆无忌惮"，只是他仍然那么默默，永远做我们背后的参天大树。

　　所以现在，我就靠自己的勤奋带老妈去看世界，让老爸最爱的人都幸福。之前去过泰国，现在是日本，以后还有美国、韩国、欧洲……

　　当然，我老妈也是开朗并且激情澎湃，在我刚发出邀请的一瞬间，她就一口答应了，也不心疼下闺女。就这样，日本之旅拍板了，出发时间定在圣诞节前夕，因为日本旅游签证允许在日本的逗留时间只有 15 天，满打满算发现，我们这一趟不仅可以在日本过圣诞节，还可以在日本跨年。这是我们第一次在外国跨年，想想都兴奋。

　　更让我兴奋的是雪，对于我来说，在 11 月份还能穿短袖到处晃悠的南方城市，很难想象那种大冬天站在雪地里面，四周一片白茫茫的感觉到底是怎么样的。所以这一次从新千岁机场坐 JR 到达札幌车站，走出玻璃门的一瞬间看到遍地的白雪时，我就跟刘姥姥进大观园一样，把行李扔在一边，跳到雪堆里面狠狠地踩了老半天——原来踩在雪上是真的会发出"咔嚓咔嚓"的声音呀。

当然，带着家里长辈出行与跟自己出行还是不太一样。

首先需要选择比较方便且舒适的交通方式，如果经济条件允许，飞机和新干线（类似高铁）是最佳选择，火车和长途车对于年轻人来说可以，但是对于长辈来说并不一定舒适（经考察，我老妈除外）。

其次就是住宿。带长辈出行就不要任性地选择青年旅舍或者快捷酒店了，住宿地尽量干净舒适，住得舒服才能玩得开心，另外酒店交通的便捷性也必须考虑到。

行程安排上，最好预留出休息时间，年轻人精力旺盛可以一天从早跑到晚，吃得随便一点也可以，但带着长辈的话行程安排要稍微放松一些，不要太奔波，中午吃饭或者休息的时间可以稍微预留多一点（可我老妈早上不睡懒觉，坏天气也闲不住，总之不能停……）。

就这样，我和老妈开启了我们的日本之行，看老妈时常脱线的举动也觉得很温馨。所以长大了就多带家里长辈出去走走吧，就像他们在你小时候带着你出去玩一样。

INTRODUCTION

楔子

VECTOR ILLUSTRATION

与秋叶融为一体的醍醐寺。

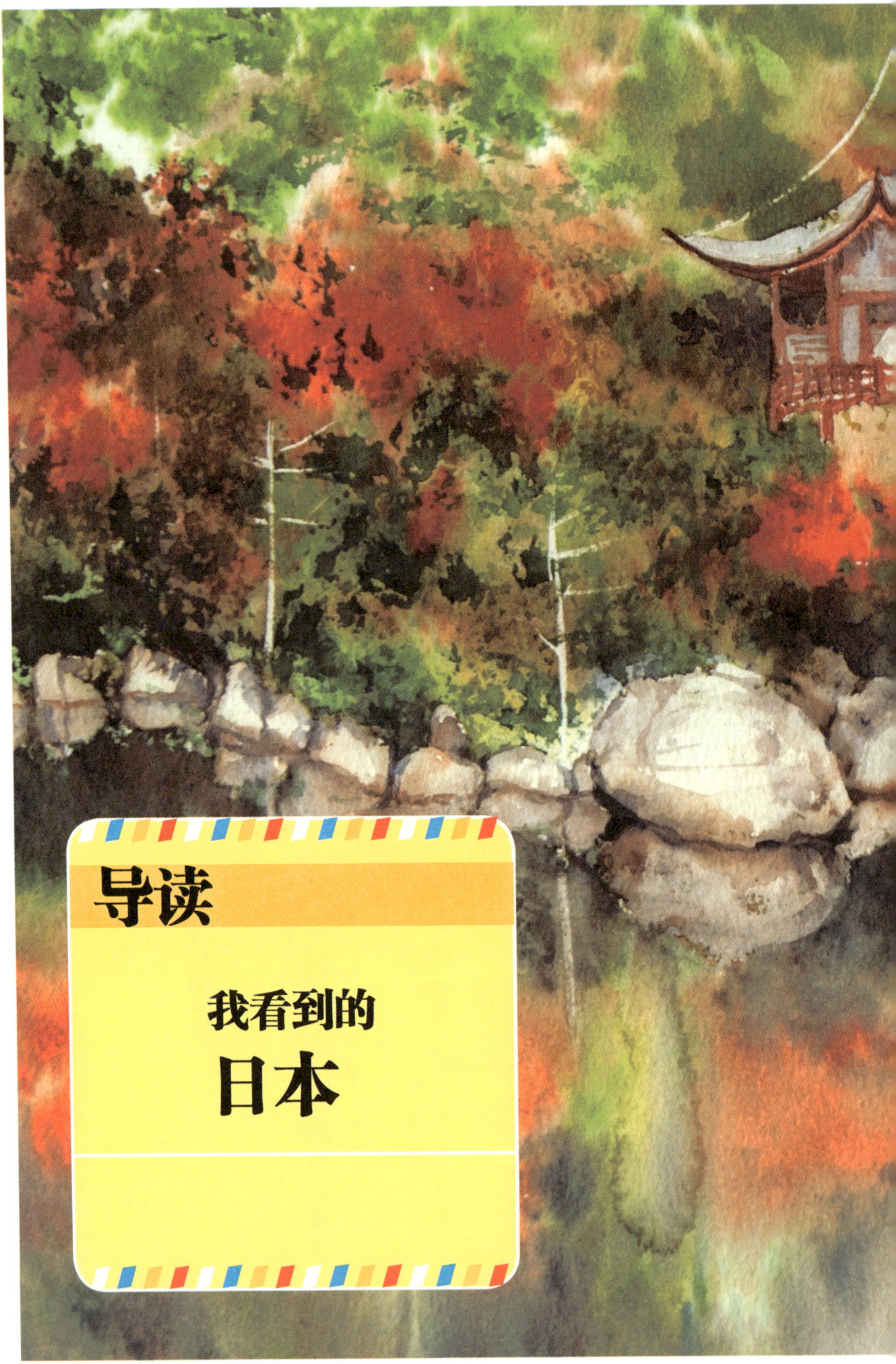

导读

我看到的日本

在你看来，日本是一个什么样子？

有的人可能会说日本料理，有的人可能会说漫画，有的人可能会说樱花。

在一千个人的心目中，日本似乎有一千种存在的形式。

必须要说的日本初印象

日本，来之前我对它并没有太多太多的感觉，主要的印象还是停留在动画片、日本动漫、日剧、樱花和日本料理的层面。但是来过之后我彻底爱上了这里，所有的细节、所有的习惯都经过长期的积淀才能够形成的。在这个国家，真的可以体现出"细节决定一切"和"不给别人添麻烦"这种文化特质。

1. 日本人"变态"的时间观念

· 所有的列车、地铁、巴士、新干线都有明确的时间表，可以让旅客更好地安排出行时间。除非遇到天气等无法预计的突发状况，绝对会准点到达准点出发，不会早一分钟也不会晚一分钟。所以大家赶车的话千万千万不要迟到，因为晚了一分钟车就会走。

· 早上搭乘机场巴士去机场，出发时间和到达时间跟 Timetable 上面的分毫不差。

2. 永远不给别人添麻烦

· 上车之后大家都是把手机调至静音的，不会出现有人大声讲电话或者手机铃声大声响起的状况。在新干线上还有标示写着"您的键盘声音可能会打扰到别的顾客，请小心使用"。

· 在食店或者购物点外面排队的时候，如果等候的客人太多，工作人员会指挥队伍分开两段，前面一段折成几圈排，就是粤语里说的"打蛇饼"，后面一段在人行道的外面排，这样完全不会阻碍到别家的生意，也不会阻碍到人行道上正常通过的行人。

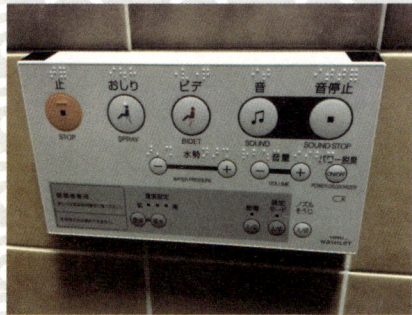

3. 渗入到方方面面的细节

· 京都的公交车停车时，后车门一侧会自动向地面倾斜，方便乘客上下车。

· 每个地铁站都有洗手间，完全全自动化，冬天洗手的水是温的。女性洗手间还会有那个传说中会发出流水声的装置，减低大家上厕所的尴尬感。

· 日本的酒店虽然普遍比较小，但是麻雀虽小五脏俱全。酒店里的每个房间都有加湿器，即使在空调房呆一整天也不会觉得闷热干燥。酒店里的沐浴露、洗发水、洗手液都是资生堂或者 POLA 等大品牌。

· 酒店洗手间的镜子很神奇，就算浴室里面的雾气再大，总会有一小块是不会被雾气掩盖的区域，方便洗完澡照镜子，真的很贴心。

· 每个地铁站、每个大型车站、每个酒店都备有 AED（Automated External Defibrillator，自动体外除颤器）。如有人突发心脏病，AED 是全自动的，可以帮助病人除颤，为挽回病人的生命提供了可能。

·如果女生购买卫生棉，店员会先用不透明的纸袋装好，再装在塑料袋里面。

·冬天，地铁的座位都是热热的，腿部还会有微微的暖气。此外，地铁里都有女性专用车厢。

·路上很干净，没有一丁点垃圾，真的是一丁点也没有。

4. 礼节至上

·公共交通工具上设置了很多关爱座，平时基本上都是空着的，大家会自觉主动地让给老人家或者有需要

的人坐。

·在列车上的特定座位车厢，列车员检票之前都会对着所有的乘客做自我介绍，然后给所有乘客鞠躬。检票之后会整理好车票并且双手递回。

·我在百货公司的员工休息室外面站着等人的时候，惊讶地发现所有员工进出休息室都会转身面对我鞠躬，再进入休息室。

·无论是出租车司机、公交车司机、酒店前台的工作人员、百货商店的售货员、食品店店员、卖场工作人员，所有的人无论什么时候都是穿着整齐的工作服、带着笑容迎接客人，并且动作很快，一切都井井有条。

·买了吃的东西要在店里或者店外的指定范围内吃完，然后把垃圾和包装纸扔到店里的垃圾桶里才能离开。不能一边走一边吃，因为这样有可能会造成路面垃圾，而且在日本文化中一边走一边吃是不礼貌而且不体面的行为。

·问路的话,如果他/她英语不好、不知道该怎么说的话,很多人会直接带着你走到目的地。

5.不愧为最佳旅游国家之一

·我走过日本这几个城市,路上的车其实并不多,空气很好、天很蓝,路上也没有垃圾。因为公共交通真的很发达,基本上要去的地方通过公共交通就能够很方便、快捷地到达。

·不用担心日本旅游景区的物价会比外面高,大部分地方的价格是统一的,即使有差别也不会相差太多。而且在同一个场子里面类似筑地市场或者函馆朝市,基本上价钱都是一样

的,我好像没有发现一家很贵、一家很便宜这种价格竞争的局面。

·每个城市的车站都有旅游观光咨询处,里面的工作人员不论年龄都能说流利的英语,而且能够对我提出的所有问题给出明确且有帮助的回答。咨询的时候会给出所有的观光资料、地图、车次表、车站内导览图等。

在日本这些天,感受到的东西太多太多,以上只是我这半个月遇到、体会到的,没有遇到的、没有体会到的肯定还有更多。这个国家太礼貌、太井井有条、太发达、太高效,除开那些政治因素、历史因素来说,日本很多地方值得我们去学习。

不会说日语怎么办

　　出发前就担心语言问题，因为沟通是一件很重要的事情。一直听说日本人的英语口音不太容易听懂，我学了几种语言偏偏就是不会日语，只会"你好""谢谢""好吃"这些很基本的单词。朋友们知道我的旅行计划之后也会问我不会日语怎么办。

　　事实证明，日本人的英语是真的不太容易听懂，他们会用自己的文字来标

注英语的发音，所以日式英语的口音很有日本特色。就像那个笑话里面说的，两个印度人在嘲笑日本人的英语发音："Jabonese agcent is vedy, vedy hard to undershdand."然后被日本人神吐槽："Indeian ekusento ishi belly belly haudo tsu andasudando."

也并不是说每一个日本人的英语发音都那么扑朔迷离，在日本我遇到两个英语讲得非常好的日本人，一位是20多岁的女生，另外一位是80岁的老人家，和他们的故事我在后面慢慢说给你们听。

回到正题，如果英语不太好去日本，他们英语也不好怎么沟通？其实在日本蹦英语单词或者短语比说整句话要容易沟通，加上肢体语言，基本的沟通不成问题。而且日本服务类人员，例如酒店工作人员和餐厅的服务员英语其实都还可以，所以其实并不需要太担心由于语言不通而造成的沟通问题。

提前预订住宿有讲究

按照我自己的旅游习惯就是出发前要先订好住宿，因为这样可以避免在行程当中找住宿浪费时间，或者一旦找不到住宿而造成不必要的麻烦。而且我比较坚信，找到了一个好的住宿或者有特色的住宿，是可以给这一趟旅行加分的。同样的，如果住得不好，这一趟旅行也会适当减分。

当然，如果想自由一点走到哪里再决定住哪里也是可以的，这样时间和行程就没那么受限制，但是采用这种方式的话一定要看出行时间。如果是旅游淡季，房源相对充足的情况下，可以先预订头几天的住宿，到了日本再作修改，或者预订接下来的房间（前提是办签证的时候领事馆不要求你提供完整的住宿计划）。但如果是旺季，最好提前预订。第一，旺季房源紧张，很容易找不到住的地方；第二，旺季房价都会偏高，提前预订可以拿到折扣，相对来说可以控制预算。

我这次由于刚好遇上圣诞和元旦，在预订东京酒店的时候由于房源非常紧张，不得不分开两间酒店预订，并且预订时显示，99%的房间都已经被预订了，剩下的1%是极其高端的五星级酒店，也就是一晚5000～10000元人民币的那种，还有就是最便利的胶囊旅馆。

关于订房网站，很多人推荐乐天和Jalan，还有Japanican，但是我用得不太习惯，所以没有用这两个网站预订住宿。我基本上都是在Agoda和Booking订的，还有一些是直接发邮件和打电话去预订。

相比国内的酒店，日本的住宿普遍价格偏高，大城市的酒店房间也比较小，但是麻雀虽小五脏俱全，基础的设备都会提供。通常的酒店需要400—600元人民币一晚，更高级的酒店则需要上千，如果想住日式传统民宿，我记得京都最出名的几家一晚上的价钱等于一台iPhone6S刚上市的价格。大家可以根据自己的预算和喜好来选择住宿。

在日本，减肥就放弃吧

日本的美食应该是游客选择日本作为旅游目的地的重要原因之一。日本好吃的美食数不胜数，而且每个城市出名的东西不一样。到了大阪一定要吃章鱼烧，也就是我们所说的章鱼小丸子。不像国内的咬下去满嘴的粉浆，大阪的章鱼小丸子里面章鱼粒大到不行。北海道长脚蟹也是不能错过的美食，非常新鲜，还带着海水的味道，吃了第一口就完全停不下来。到

了北海道才知道原来蟹可以做出那么多料理，摆满了一整桌，吃得我们扶着墙出来。寿司，这个日本最出名的料理当然不能够错过，随便走进一家寿司店都不会错，出品都是一级棒的，而且寿司店里有一种人情味儿，让人有种很舒服的感觉。刺身就更不用说了，从日本回国之后我就不碰任何刺身了，口感和质量差得不是一点两点，从一块小小的刺身都可以看

出日本人对品质的追求和极高的完美主义。

还有日本的拉面，每一个地方的味道都不一样，旭川拉面、札幌拉面、京都拉面，每个地方都有自己的特色。而且吃拉面一定要去找街边的小店吃，在那里才能吃到最地道的日本味道。小小的店，只有几个工作人员，有时候门口还会有刚下班在等座位的人们。店面虽小，里面确井井有条，干干净净的，一碗拉面有自己固定的步骤，错了一步面的口感就会不对，厨师日积月累的经验让一碗普通的拉面也会焕发出自己的光彩。

到了关西，最不能错过的就是宇治抹茶。这个古时候由中国传入日本的茶道艺术，现在在中国已寻觅不到踪迹，但是在日本却被发扬光大，成为日本的一张重要名片。要吃到最正宗的抹茶，是需要花一番功夫的，但是吃到的那一刻，就觉得长途跋涉也值得，因为那一抹在嘴里久久挥散不去的茶香，能让人魂牵梦萦。

还有饭团、海鲜丼等，都是我的最爱，以至于我从日本回到香港之后，一直在找日本料理店，想找回那个味道，找到那种感觉。到了日本就别想着减肥的事了，放开吃吧，这里的每一种美食都不容错过。告诉你一个小秘密，我在日本每天吃吃吃、逛逛逛、买买买、看看看，回国还瘦了 5 斤多，而且半年没有反弹。

万一被邀请做客也别慌

1 日本有纪律社会之称，人们的行为举止受一定规范的制约。在正式社交场合，男女须穿西装、礼服，忌衣冠不整、举止失措和大声喧哗。

2 通信时，信的折叠、邮票的贴法都有规矩，如寄慰问信忌用双层信封，双层被认为是祸不单行；寄给恋人信件的邮票不能倒贴，否则意味着绝交。

3 日本人一般不吃肥肉和猪内脏，也有人不吃羊肉和鸭子。

4 招待客人忌讳将饭盛过满过多，也不可一勺就盛好一碗；忌讳客人吃饭一碗就够，只吃一碗被认为是无缘的象征。

5 忌讳用餐过程中整理自己的衣服，或用手抚摸、整理头发，因为这是不卫生和不礼貌的举止。

6 日本人使用筷子时忌把筷子放在碗碟上面。

7 在日本，招呼侍者时，得把手臂向上伸，手掌朝下，并摆动手指，侍者就懂了。

8 日本人送礼时，送成双成对的礼物，如一对笔、两瓶酒很受欢迎。但送新婚夫妇红包时，忌讳送 2 万日元和 2 的倍数，日本民间认为 "2" 这个数字容易导致夫妻感情破裂，一般送 3 万、5 万或 7 万日元。

9 日本人没有互相敬烟的习惯；进入日本人的住宅时必须脱鞋；在日本，访问主人家时，窥视主人家的厨房是不礼貌的行为。

10 在日本，没有请同事到家与全家人交往的习惯。日本人从来不把工作带到家里，妻子也以不参与丈夫的事业为美德。

私人行李经

由于去日本的大部分旅客的目的都是观光或者购物，所以带些轻便的衣物和日用品就可以了。由于日本的公共设施做得相当好，拉着箱子也可以随意出行，所以不需要背背包之类的，每天出门带个小包就好。

如果是去购物的话，我建议不要带太多东西过去了，因为到最后会发现箱子不够用。日本真的是买买买的天堂，我们这次由于是冬天，厚衣服和鞋子就占了大半个箱子，到最后没办法，在东京多买了一个箱子装东西，回来的时候在机场多花了一个行李费才给带回来的。

化妆品的话，很多人会说，到了日本再买来用，当然这是可以的，但是如果打算退税的话，在药妆店，店员就会把一整个大袋子

封起来，并且提醒出境前不能打开、使用里面的产品，否则不能退税。如果只是应付日常使用的话，就可以在遍地都是的药妆店买来用。

衣物的话，冬天的日本室内都有暖气，而且跟中国北方差不多，都很干冷，所以衣服穿够了就好。日本的街景和风景都极度漂亮，打算拍照的话带自己最喜欢的衣服，带些颜色好看的，拍照出来会特别漂亮。

关于吃的就完全没必要带了，日本遍地的7-11，可以满足你的一切需求，而且日本美食天下闻名，不用怕找不到吃的。但是日本美食有个特点，就是味道相对而言有点淡，比较注重原汁原味，如果平时口味重、喜欢吃辣的话，可以带个辣椒酱或者宅男的女神——"老干妈"什么的，解解馋也是很不错的。

PART1

こんにちは（你好），日本

对于日本，从开始策划路线到出发前，想法有很多，憧憬有很多，未知也有很多。回来之后，想法有更多，未知的恐惧转而代之，成为了对下次旅途的憧憬。

　　旅行，其实最难迈出的是第一步。

　　然而，只要迈出第一步，你就已经完成了这段旅程的一大半，剩下的一小半，就交给路上的惊喜和邂逅吧。

　　我以前不相信"旅行会改变一个人的一生"这句话。现在，我相信了。

600 字读懂日本

日本（Japan），国名的意思是日出之国。樱花是日本的国花，每到春季，青山绿水间樱花烂漫，蔚为壮观，吸引了来自国内外的众多游人前往观赏、拍照。每年的樱花节成为日本一年当中最热门的旅游旺季，因此日本也被称为"樱花之国"。

日本的明仁天皇是昭和天皇裕仁的长子，生于1933年12月23日，1952年11月被立为皇太子。1989年1月7日即位，成为日本第125位天皇，年号"平成"。日本皇家的住所位于东京市内的皇居，如今有非常多的游人会前往观光，周围的绿化和建筑就像一个城市里的公园一般，非常平易近人。

日本位于太平洋的西岸，是一个弧形岛国，由北海道、本州、四国、九州 4 个大岛和约 3900 多个小岛组成。这里的气候 6 月多雨，夏秋季多台风。另外，由于日本位于环太平洋火山地震带，这里的地震、火山活动频繁，全球有 1/10 的火山位于日本，1/5 的地震发生在日本。因此所有的建筑物抗震能力非常强，而且国民的防地震知识也非常丰富。

有很多人问我去日本哪个季节比较合适，我通常会回答，每个季节都合适。

春天可以到日本看樱花，从 3 月到 5 月，自南向北逐步蔓延。夏天北海道的薰衣草会让你如痴如醉；秋天可以到关西观赏漫山遍野火红的枫叶；到了冬天，听说北海道的大雪与温泉更配哦。还有常年屹立的富士山、琳琅满目的日本料理，以及永不知疲倦的时尚之都东京，在这里任何时候都可以找到适合自己的旅游方式，满足你的所有喜好。

去日本
不能错过的事情

1 远眺富士山的身影。

2 黎明时分在筑地市场吃一碗地道的日式拉面或一块最新鲜的寿司。

3 在京都吃一顿最地道的怀石料理。

4 泡一次真正意义上的日式温泉，在大雪天更好。

5 体验穿一次和服。

6 在新宿或涩谷体验潮流和最尖端的日本文化。

7 在奈良喂小鹿。

8 看樱花雪。

那座城，
我喜欢的样子你都有

这次走过日本的热门城市，从南到北再到南，大阪、京都、奈良、宇治、东京、富士、函馆、札幌、小樽、旭川，等等。

其实每一个地方我都很喜欢，每一个地方都有自己独特的味道。但是我知道答案不能那么笼统，如果一定要在这些城市之中，选择出一个我这一趟印象最深的城市，我想我会说，我最喜欢的是京都，这也是我对所有来咨询的朋友一直推荐的，可以说是日本旅游必到城市。

京都给我的感觉，像是一个低调含蓄但内涵丰富的少女，不像大阪那样大大咧咧，不像东京那样热情洋溢，也不像札幌那样高冷，让人觉得只可远观不可亵玩。不像小樽那样充满了童话色彩，不像富士那样受万人追捧，也不像函馆和旭川那样默默无闻。

要问我为什么喜欢京都，借用周杰伦的一句歌词吧："我喜

欢的样子你都有。"

在我心目中，京都满足了我对日本的所有憧憬，日式的町屋整齐划一地排布在街道边，穿着和服的女子穿梭在巷子里，带着精致的妆容，举止优雅。小小的居酒屋隐藏在巷道的深处，相熟的客人有属于自己的座位，无需点菜店员便知道喜好。还有突然出现在街角的日本神社，每一座的意义都不一样，庇佑的方面也不一样，但是里面信众虔诚的目光和神情是一样的。

可能是因为我比较喜欢有历史感的东西，所以京都的金阁寺和清水寺给这座古老的城市加分不少，特别是让我们碰到几年难得一见的金阁寺和清水寺雪景。还有近61年最大的一场雪就在我们下火车的一刻不期而至，一切都像安排好了一样，让我对这个城市的喜爱一点点加深。

清水寺 夜の特別拝観

十一月十二日（土）～十二月四日（日）

拝観時間 5時30分～9時（受付終了9時30分閉門）

拝観料 大人 四百円 小中学生 二百円

協力 清水寺門前会

清 水 寺

日本的世界遗产

文化遗产

1 法隆寺地域的佛教建筑（1993 年）

2 姬路城（1993 年）

3 古都京都的文化财（京都、宇治和大津）（1994 年）

4 白川乡与五箇山的合掌造聚落（1995 年）

5 原子弹爆炸圆顶屋（广岛和平纪念碑）（1996 年）

6 严岛神社（1996 年）

7 古都奈良的文化财（1998 年）

8 日光的神社与寺院（1999 年）

9 琉球王国的城堡以及相关遗产群
（2000 年）

10 琉球王国的城堡以及相关遗产群（2000 年）

11 纪伊山地的灵场和参拜道
（2004 年）

12 石见银山（2007 年）

13 平泉——象征佛教净土的庙宇、园林与考古遗址（2011 年）

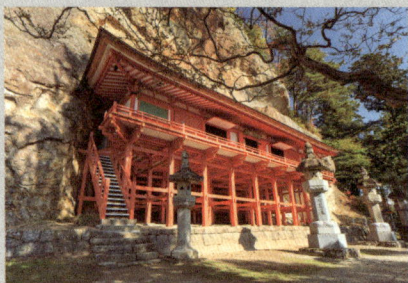

14 富士山——信仰的对象与艺术的源泉（2013 年）

15 富冈制丝场（群马县）以及近代绢丝产业遗迹群（2014 年）

自然遗产

1 屋久岛（1993 年）

2 白神山地（1993 年）

3 知床半岛（2005 年）

4 小笠原群岛（2011 年）

有多少人像我一样，想亲眼
看一下美丽的艺伎真正的样貌？

冬季雪景，
日本的外貌担当

日本雪景的美，不在于场面多么宏大，也不在于雪积得有多厚多高。它的美不仅仅体现在大自然的鬼斧神工，还体现在与自然和人文的结合，以及和动物的和谐共处。一切在这里都显得如此和谐，一切都变得理所当然。

1 冬天的风物诗：横手市的雪屋节

2 雪中的童话世界：白川乡

3 跟猴子一起泡温泉：长野县地狱谷野猿公园

4 星形的城郭：函馆市五棱郭

5 绝美青池：北海道美瑛

6 万亩千年树林：北海道美深

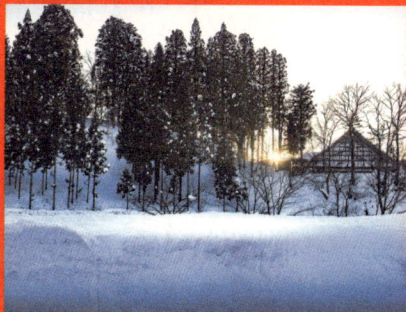

7 雪覆盖下的梯田：新潟十日町

考试期间做完
旅行前的最后准备

一切都完成在期末考复习期间

在决定好要去日本旅行之后，我就马上在没有课的上午跑到香港中环的日本驻香港总领事馆，办理了日本签证，也找到大陆的签证办理机构帮妈妈把签证办好。我的日本签证2天就出签了，签证办好了，整个准备工作就等于成功了一半。

因为要等考试 Timetable 出来才可以预订机票和住宿，所以整个准备工作只能在期末考的复习期间完成。那时的状态是上午复习，中午吃完饭就查机票和住宿，以及安排整个路线怎么走比较合适、比较实惠。下午继续复习，傍晚去吃晚饭，吃完饭又继续研究行程，晚上继续复习直至图书

馆闭馆然后坐车回家。刷机票的动作是全天候进行着的，手机里面的 App 都很方便，刷到一个比较合适的价钱就马上买。

根据我的经验，买机票这个东西不能犹豫，一犹豫就会后悔。

因为在香港，所以行程规划方面也从很多香港和台湾当地论坛和游记里得到了指点。

我还记得预订函馆房间的时候，是跑到图书馆自习室旁边的洗手间里面打的电话。

就这么一边复习一边拿休息时间安排行程，成就了这一趟让我毕生难忘的日本之旅，而且最重要的

是，我的期末考成绩很不错，两头都没有耽误。

对下雪完全没有概念

由于是第一次看雪，对下雪时的温度和准备工作完全零概念，只能通过查找别人的攻略和建议来让自己稍微对下雪天有一点基本的认识。

出发前我在网上买了一切我能想到的雪地装备，雪地靴、保暖内衣、保暖耳帽、带帽子的厚围巾。还专门买了防水喷雾，可以喷在鞋子和布制的行李箱上，以防鞋子和行李箱的布面在雪地里被打湿。

在网上打印下来各个旅游网站的

日本旅游攻略书（PDF），还买了一本厚厚的 Lonely Planet 日本攻略，因为整个行程的路线都是可调整的，除了需要提前预订的行程之外，其他的路线可以每到一个地方再根据自身的情况决定。

出发前的心情是矛盾的

出发前的心情是兴奋的。兴奋的

点在于日本之旅终于要实现，可以去北海道这个以前只能在电视和电影里面看到过的梦幻之地，在那里看看那漫天的大雪；还可以去看看传说中的富士山。一切的一切都是未知的。

当然也正是因为这个未知的存在，让我对这趟旅行心存忐忑。

因为完全对日语零基础，能说的只有"你好"和"谢谢"，而且据说日本人的英语是真的很日本化，如果沟通都成问题的话，会给旅行带来很大的阻碍。而且这一次我们跑的地方很多，在香港的时候看新闻就说这个冬天是日本雪下得最大的一年，甚至会有雪灾发生，因此很担心中间的一个环节出错导致往后的整个行程受到影响。

PART2

Osaka 大阪，
日本厨房

这里有让人回归童年的环球影城，
这里有琳琅满目的日式美食，
这里有有趣的方言口音。
这就是大阪，
给我日本初印象的地方。

机场忙叨叨

广州距离香港很近，而且我在香港读书，所以我们出国基本都会去香港机场坐飞机，价钱比从大陆飞要便宜，而且很少会有延误。很多人都不知道，其实凭机票、护照和有效的第三国签证去香港坐飞机不仅可以免港澳通行证，还可以停留7天，出发和回来都是7天，只要在7天之内离境就可以了，所以不仅可以出去旅游，还可以顺便在香港玩上几天。

从香港国际机场出发，经过3个半小时的飞行后，我们顺利降落在关西国际机场。

日本，我们来啦！

下飞机后可以看到机场的指示很清晰，按照指示去排队办理入境手续就可以了。现在，在关西机场入境需要刷脸和按指纹，按照图示和工作人员的说明做就可以。速度挺快的，如果人不多的话很快就能办好入境手续。

因为我没有在国内换好货币再出国的习惯，所以每次出国入境之后第一件事就是取钱。机场通常都有 ATM，取钱之前记得要看好 ATM 上面有没有银联标志，因为在日本，银联的覆盖率并不是很高。如果没有银联的话，可以用 VISA 或者 Master 信用卡取现。也是因为日本银联的覆盖率不高，所以如果和我一样不喜欢在国内换汇再出国的话，可以尽量多取一点，以备不时之需。

取完现金之后，可以去观光服务处购买各种车票，拿免费地图。关西国际机场的观光服务处很万能。刚开始我找错了地方，跑到了询问处，工作人员很耐心地问我需要买什么，然后很耐心地告诉我可以到旁边的窗口购买，她们的英语都说得不错，能够很顺利地交流。过后她还问我是从哪里来的，我说中国，她微笑着说"祝你在日本玩得开心。"在这一瞬间我就开始喜欢上这个地方了。

旅游服务中心就在咨询台的旁边，很明显，看到蓝色字体的"Travel Desk"就是。工作人员的英语很好，而且对于车票的细节会解释得很清楚，不用担心操作错误的问题。在 Help Desk 可以买到 KTP 和大阪周游卡，还有其他的各种通票和一日票。

买完车票我们就迅速上楼，走到车站坐南海电铁。南海电铁的车厢是深蓝色的，很容易认出来，上车之后很快就开车，从机场出发，大概 40 分钟左右就能到大阪市内的难波站。

到难波站已经是日本时间快晚上 9 点了，日本的商店关门时间都比较早，我们要抓紧时间考虑是先找酒店再找吃的，还是吃完东西再找酒店。在地铁站里面纠结了半天，又因为拉着行李，而且不清楚大阪大部分商店的关门时间，我们就决定先找车站里面的一间寿司店吃点东西垫垫肚子，再出发去找酒店。这也是到日本的第一餐。由于进店的时候已经快晚上 9 点，店员提醒我们最后下单的时间，然后就安排我们坐下了。

吃寿司，
吃的是人情味

正如我之前所说的，日本的回转寿司店有一种很微妙的人情味，这是我在日本这 13 天一直都感受到的，无论是比较出名的寿司店还是街边很小的街坊小店，就像在朋友家吃饭一样。这里的寿司都很好吃，很新鲜，跟国内吃到的口感完全不一样。其实正宗的日本寿司店是不会单独提供芥末拌在酱油里面的（因为把芥末拌在酱油里是非常不正宗的吃法），下单的时候店员会问要不要芥末，要的话寿司师傅就会直接把芥末放在寿司里，用量刚好，不会太呛又能保留海鲜的原味。

日本寿司的食用顺序也是很讲究的，首先应该吃鲷鱼或是比目鱼等白肉鱼，接下来吃"亮皮鱼"，比如小鳍，然后是鲔鱼等红肉的鱼类，再然后就到浓味的海胆、鲑鱼卵、鲭鱼肚腩等味道比较强烈的海鲜，最后是手卷等紫菜卷和蛋。按照这样的顺序是因为，不同种类的鱼，鱼肉的味道也会不一样，浓烈程度也不同，从淡的开始慢慢吃到最后浓味的，就会有层层递进

的口感，也不会由于之前吃到的浓味海鲜而导致无法品尝到后面淡味海鲜的鲜味。

此外，日本的寿司米饭量很少，不是那种一大块米饭，吃一点就饱了。厨师根据多年的经验，徒手抓出一小块米饭，捏出一口的分量，配上生鲜或者蔬菜，放在盘中，这样客人也可以多吃几块。

还有日本的寿司店里面基本上都是抹茶粉，没有茶包的。抹茶粉放在一个小小的盅里面，喝的时候用小木勺舀两勺到杯子里，再加热水就可以了，茶香味很浓郁，我每次可以喝好多好多杯。但是记得不要加太多茶粉，由于抹茶粉偏苦，加多了口感会涩。

迷路后，
得到了最好的关照

吃完寿司，我们就按照之前查好的路线，拉着行李坐地铁找酒店去了。

因为查资料的时候看到酒店离车站很近，步行过去很快就能找到，我就没有打开手机用地图查。到站后我就拿着酒店的地址，问车站内甜甜圈店的店员要怎么走，结果这一问就把我们问迷路了。由于附近有两家名字类似的酒店，而且她的英语不太好，我们只能靠肢体语言交流，然后意会对方在说什么。对话的最后，她误以为我们要去的是另一家酒店，就给我们指了方向，我们越走越不对，因为出发前我看过网上关于酒店周边和酒店外观的照片，但是在那条路上完全看不到照片里的样子，结果走到了店员指的方向才发现那里是汽车旅馆。当下我还以为我订错了酒店，订成汽车旅馆了，但是幸好只是因为名字差不多。看到那里粉红色的墙和各种暧昧气氛，感觉实在不太对，我们就立马拉着行李退出来。

事实证明，还是自己查来的准确。我打开手机的地图搜索位置，但是因为 Wi-Fi 刚刚开启，数据更新得不够快，只能按照部分地图在冬天的深夜拉着行李在大阪街头找酒店。

沿着地图指示的方向，我们走到交叉路口，但是无奈 Wi-Fi 信号不给力，接下来就不知道该往哪个方向走了。在我们一筹莫展的时候，看到有两个年轻女生和一个男生在路边等红这个时候我们就被吓到了，如果她们说不知道摆摆手我们也能够理解，因为语言确实不通，但是她们直接让朋友先等着，然后把我们带到酒店再回来，真的太出乎我的意料。

她们带着我们走了大概2分钟，我就看到位于正前方的酒店招牌了。为了不想再麻烦她们，我就说可以走过去了，然后一直向她们微微鞠躬，并且用我仅会的几句日语说谢谢。她们也笑着向我们示意，然后离开。

才刚刚到日本不到3个小时，我在这里获得的温暖已经化开了冬季的寒冷。这些温暖是一点一点蔓延开，最终占据整个心灵的感觉。

日本，初次见面，请多多关照。

灯聊天。不懂就问嘛，对吧，我就硬着头皮走过去问路，试试看能不能问到大概的方向。结果她们的英语水平就跟传说中的一样，除了指手画脚就不知道要怎么表示了。

本来觉得问不出什么只能自己继续摸索的时候，就看到她们跟那个男生朋友说了两句话，男生先走开，我们还没反应过来怎么回事，她们两个突然表示，走吧，跟着来，我们带你们过去。

大阪 USJ 的平安夜

传统热汤面原来是站着吃的

在日本的第二天是平安夜。清晨，暖暖的阳光透过窗直射到被窝上，我们迎着大阪和煦的阳光迎接新的一天。

日本，早上好。

由于我们的房费没有包含早餐，整理好行装之后就先出门找吃的，酒店楼下有很多小店，也可以趁机尝尝日本民间的早餐店。

冬天的早上，来一碗热气腾腾的拉面就再适合不过了。

酒店的楼下正好有一家小面馆，木质的推拉门，一看就是日本传统的

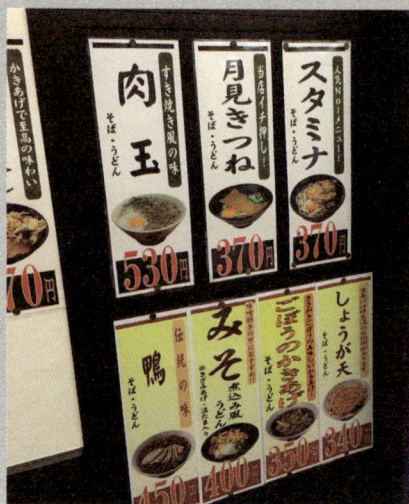

面馆，店面很小。我们拉开木门的时候，里面有两个瘦瘦的日本男生站在桌子边，看到我们冒冒失失的样子，还笑了一下。进到面馆发现这里只有两个中年的阿姨在经营，店铺里面没有凳子，顾客都是站着吃拉面的。

可能看到我背着相机，一进门也没有说日语，其中一个阿姨观察到了就直接给我拿了英文版的菜单，不得不说她们的观察力真的很好。拍照前我也咨询了是否能拍照，她们之间说了几句，就对我笑着点头说："可以的，没问题。"

对了，大家如果在小店里面拍照的话，最好能先咨询店员的意见，要做有素质的游客。

之前还担心在日本点菜会因为看不懂而乱点一通，到了这里发现完全不需要担心这个问题，由于日语里面有很多中文字，所以在日本的菜单上可以看到夹杂着中文的说明，基本上几个中文就可以猜到它在说什么。如果实在看不懂的话，菜单里面通常都会配有食物的图片，也很容易看到配料和菜品。

大早上的不想吃得太油腻，我们就点了两个清淡的，一个天妇罗荞麦面，一个海带乌冬面。看上去清汤寡水，但是味道其实很不错，汤头很鲜。

大阪环球影城（USJ）的档案

吃完了热热的汤面，我们就出发去大阪环球影城（USJ）。在出发前，先说说关于 USJ 的一些小 Tips。

日本环球影城是继好莱坞环球影城和佛罗里达环球影城之后的世界上第三座以好莱坞电影为主题的游乐园，共投资 20 多亿美元，预计每年接待游客近千万人次。

日本大阪环球影城可通过乘坐激动人心的游乐设施、看表演秀行等真切地体验影视中的场景。乘坐游乐设施让你感受前所未有的惊险和刺激；表演秀使你笑声不断；摄影道具和幕后制作现场震撼人心，使你身临其境。每次精彩的乘坐体验、每场表演秀、每个摄影道具和节目、每家商店和餐馆都充满了新鲜和乐趣，可让人体验到好莱坞的真正魅力。

1. 门票

USJ 的门票可以在出发前在网上购买，有很多代理，一定要找可信度高的，不要随便找，可能会遇到骗子。提前在网上找代理购买会比在 USJ 门口售票处购买要便宜一些，网上代理的价钱基本上都差不多，我的门票是350元人民币/张。买了门票之后，代理商就会直接联系你，然后确认信息之后就会把门票的 PDF 文件发到你邮箱，打印出来就可以了。进门的时候直接刷门票上面的二维码就 OK 了。

如果不提前在网上买电子票的话，可以到门口再买，但是需要排队。我们去的那一天刚好是圣诞前一天，门口排队买门票的人非常多。所以我还是建议，早一点买票吧，节约点时间可以多玩一点项目。USJ 每天的

开门、关门时间都是不一样的，去之前最好提前在官网（www.usj.co.jp/cn/ticket/）上查询。

2. 关于快速票

这个我也纠结了好久，因为它不便宜，一张快5（含5个项目的快速入场券）的票就要300多元人民币。纠结了好久之后，最后还是决定买快速票，第一是因为在USJ金钱真的可以换时间，时间有限，节省出来的时间可以多玩几个项目、多看一些。第二是除了快3之外，其他快速票都包括了哈利·波特的项目，这个是我去USJ的重头戏啊！

快速票的价钱会根据时间和预计人流的不同而变动，每天的价钱都会不一样。在网上也可以提前购买。这个真的建议大家提前要买好，虽然当天可以在门口买到，但是我了解到去过USJ的人的反馈，基本都是说在开门后20分钟内，当天的所有快速票就全部变成售空的状态。要知道如果人很多又没有快速票的话，热门项目的排队时间都是200—300分钟或以上的。

如果实在不想买快速票的话，有一个方法，就是如果几个人一起去玩的话就拆开走单人通道。Single walk in的话要比一群人一起去排队快很多。不过这样就要分开玩，而且如果当天的人很多的话，单人通道也不见得能快多少。

如果只是对哈利·波特比较感兴趣，其他都随便的话，可以早一点去USJ，最好开门前就到，一开门就冲进去抢哈利·波特的入场券。因为如果没有快速票，即使拿到入场券，也不一定能进去。哈利·波特园区每天都是按照比例放行的。我去哈利·波特的时候拿着快速票5分钟入场，隔壁排队的牌子写的是排队时间300分钟。

关于该买快7、快5还是快3。这个要看你想玩什么项目，因为每一个包括的项目都是不一样的，具体包括的项目可以看官网介绍。

售票机上面有列车的路线图，也有到每个站的车票价钱，确认了到站的价钱之后在售票机上面先选择价钱，例如 190 日元，然后选择人数，再放入钱币，就可以了。有剩余的话都会直接找钱的。

如果实在不懂的话，可以咨询站内工作人员，看他们示范一次以后基本上都会自己买了，日本的机器都很人性化，很容易操作。

3. 交通

去 USJ 最方便快捷的方法还是 JR，只要到大阪市内 JR 环线的任何一个站，就可以直接坐 JR 到 USJ 了，很方便。比如从关西国际机场出发，有机场大巴到大阪站或者西九条车站，这两个车站都在 JR 环线上，从这里走都很方便。我们从京桥站到 USJ，大概是 15—20 分钟的车程，很快。

USJ，圣诞快乐

由于那天是平安夜，在 JR 列车上就看到很多人 Cosplay，穿着圣诞老人的衣服，打扮成卡通人物的样子，带着很可爱的头饰，三五好友一起来。还有打扮成圣诞老人的外国爸爸，推着坐在婴儿车里面、打扮成小天使的外国小宝宝。

到站的时候听到很蹩脚的英语报站，Universal Studio Japan，听到之后就可以准备下车，一下车就能看到哈利·波特的宣传广告。

一出车站我们就看到一只小猴子在路边表演，穿着圣诞老人的衣服、拿着麦克风的日本女生应该是猴子的主人或者训练员之类的，在旁边指示在这条布满老式建筑的街道上用餐，会比影城内部实惠很多哦！

它做什么做什么，做好了就给吃的。小猴子也很听话，倒立一个后就屁颠屁颠地去拿吃的。在我旁边的日本女生一直在叫"卡哇伊"，但是看到猴子脖子上拴着的铁链子，实在觉得挺残忍的。好了不看了，继续走。

想要到 USJ 的门口还需要走一段路，路上有很多餐厅和卖纪念品的小店。如果晚上关门了还想买东西的话，可以选择这里的小店，吃东西也可以，因为 USJ 里面的东西确实不怎么好吃，还贵，而且能选择的真的不多，跟其他游乐园一样的。通往 USJ 大门的小路两旁有很多美国影城特有的建筑和广告风格，大大的英文字母，色调都是很老式的感觉，最出名的就是吊在墙边的大猩猩，走在路上就可以提前进入美国 20 世纪 70 年代。

一直往里面走，就能看到环球影城的大地球标志。这个以前只在照片上看到过的标志突然出现在眼前的时候，还没来得及给我反应的时间，只是看着它发呆。妈妈推推我："在干嘛，

过去拍照啊。"然后我们就来了一套游客照，对的，各种比 V 的那种。

来之前很担心在 USJ 里面应该留多久，担心时间会不够。最后实践证明，我们当天是早上 10 点半左右到的 USJ，下午 6 点半左右离开的，在里面大概 7 个小时，玩得很尽兴。我们是用了快速票的，所以基本上没有排队。当然如果不打算购买快速票的话要适当把时间延长。

整个 USJ 的门口都挂着圣诞节的装饰：圣诞花、圣诞结，红红火火好不热闹。站在大门口的卡通人物也穿着圣诞服饰，芝麻街那些毛茸茸的小家伙们都穿得喜庆。两边的路灯灯柱上还挂着各种哈利·波特的广告，有

哈利·波特、赫敏和罗恩，其中我喜欢赫敏，专门给她拍了一张照片。

由于出发前就买了门票，前一天晚上也在酒店把门票打印出来了，我们就可以直接走进 USJ。如果没有买门票的话需要排队才能入场，那天排队买票进场的长龙一直排到 300 米开外，看样子大家都是为了晚上的圣诞点灯仪式来的。拿着提前买的门票入场很方便，没有人工检票，直接拿打印出来的门票的二维码，在入口处扫描一下就可以了。

为何 USJ 的蜘蛛侠会把老妈吓得不敢睁眼？

一进大门左手边，就是旅客咨询

处，在那里可以拿到各国语言的地图和宣传小册子。工作人员都极度热情，笑容满面，看到我拿的是中文的地图，还专门跑过来跟我用中文说："欢迎您，圣诞快乐！"

入口处有纪念品商店，这里有哈利·波特的魔杖卖。因为哈利·波特园区的商店经常人满为患，连挤都挤不进去，如果想要买魔杖的话，不一定要到哈利·波特园区才买，这里的人会少一点，可以慢慢挑。当然由于我对哈利·波特的了解只限于电影，不确定园区的商店和纪念品商店的种类是不是有不一样。

一直往园区里面走，就能看到这次来 USJ 的另一个重头戏，全世界最大的圣诞树亮灯仪式！这个圣诞树已经连续拿了 4 年的吉尼斯世界纪录，包括 2014 年我们看的那一场。高约 36 米的圣诞树上，装饰着 364200 个灯饰，据说灯饰数量比去年多了 8000 个左右。每个站在它前面的人都发出

"哇"的惊讶声。今晚的重头戏就是它了。

主题公园让人着迷的就是能够在里面真切体验到电影里或者书里描绘的生活和角色，可以暂时放空自己，开始狂欢！

我们在 USJ 玩的项目其实不多，大多是看别人攻略，极力推荐的那些项目我们都去了，一些评价一般般的就只是经过看一眼、打个卡就走了。

第一个看到的就是 Space Fantasy。旁边的人排了超级长的队，我们 5 分钟就进去了。不得不说裸眼 4D 的效果真的太赞太赞，不用戴眼镜都有身临其境的感觉，坐在汽车里面，看眼前的大屏幕，会让人不自觉地叫出声来。太多的我就不剧透了，是一个很值得去玩的项目。

我第一个极力推荐的项目是蜘蛛侠，就在圣诞树的旁边，墙上是一个

很大的蜘蛛侠画像，非常容易找。这个很多人都推荐的项目，说玩一次完全不过瘾。我们进去的时候隔壁的排队时间是 200 分钟，我们用快速票不到 10 分钟就进去坐上车了。可以点 32 个赞！除了蜘蛛侠是讲日语有点猎奇以外，其他的效果都很棒。明明知道是 4D 效果，但是还是会被吓得不行，妈妈说把她吓得不敢睁眼睛。不能剧透太多，一定一定要去体验一下。

玩完蜘蛛侠，外面有一个很大的纪念品商店，蜘蛛侠的周边也是超级多的，如果是蜘蛛侠的 Fans 在这里会疯，连泡面的鱼饼都做成了蜘蛛侠的头像。

除了游乐项目之外，USJ 另一个很出名的就是美国 20 世纪 70 年代的街景。走在里面，除了周围说的都是日语之外，建筑和风格什么的都是旧美国的感觉，颜色搭配很棒，很像走在美国老电影的场景里面，随便拍照跟别人说你在 20 世纪 70 年代的美国都有人相信。这里还有芝麻街那个楼梯的实景，就是我小时候学英语的时候，每天看他们叽叽喳喳的那个楼梯，连垃圾桶都有。

说起环球影城，不得不提的还有经典之作——侏罗纪公园。这个听说有点像激流冲浪，要穿雨衣的，而且很容易湿身，在门口看到很多人都是湿答答地跑出来。因为大冬天的，湿答答的不好办，我们就没有去玩。走到这里的时候刚好是午饭时间，我们就在侏罗纪餐厅吃午餐休息一下。地图上面有标注时间，不同的时间段会有恐龙散步。我们正好碰到了一场。虽然知道是人假扮的，但是效果做得很真，不像那些可以看到人腿在后面的，完全就像真的恐龙外表，而且会突然对着周围拍照的人叫一声，没有一点心理准备的话真的会被吓到。

这里的侏罗纪餐厅是完全按照侏罗纪电影里面的餐厅装修的，如果有看过电影的话会对这里非常熟悉。一定要找工作人员帮忙拍照，特别好玩，他们会在帮客人照相之前喊口号，1、2、3之后全部工作人员会一起学恐龙叫的声音，"嚎，嚎"的很有意思。

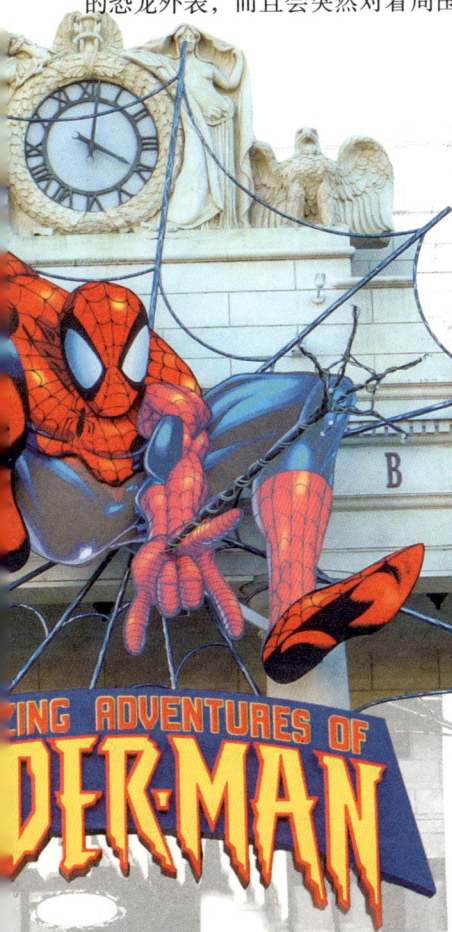

在路上我们经过大白鲨的游乐项目。来之前看攻略，很多人都说不好玩，就是工作人员的反应比较夸张，有点自 High，观众没什么反应，气氛比较尴尬。时间也不是很够，我们就只是走过的时候看了一下，没有进去玩。因为是平安夜，倒吊着的大白鲨被挂上了圣诞装饰品，有工作人员帮忙拍照，当然，这么热门的拍照点是需要给钱的。

走过 Wonderland，这里绝对是小朋友的天堂，旋转木马、Hello Kitty屋、旋转茶杯，还有小孩子玩的碰碰车。装饰很漂亮，进去拍拍照也不错，还有 Hello Kitty 控肯定会喜欢。

USJ 遍地有惊喜

在 USJ 里面走了大半天，也走累了，这时经过一个剧场样子的地方，不需要快速票，排队的人也不多。反正我们已经逛了一圈，也要等哈利·波特的入场时间，没地方好去了，刚好碰到这里到了开放进场的时间，就想着进去看看呗，反正不吃亏，不好看也可以休息一下，结果很意外地发现这个 Show 出乎意料地好看！

这个 Show 叫作 Monster Rock and Roll，有点音乐剧的形式，演员们都装扮成科学怪人、僵尸等科幻片里面怪物的形象。除了主持人说了一大段一大段听不懂的日语有点尴尬之外，其他的部分都非常精彩。表演的都是很经典的电影音乐，而且很会带动观众的气氛，会让人不自觉跟着节奏哼。本来想进来休息一下的，结果音乐响起的瞬间就把我们的睡意赶跑了，两个人变得更加兴奋。另外，女主角很漂亮，身材超赞，唱的歌也很好听。

看完表演出来，我们又遇上圣诞花车的游行。所以我说这一趟日本旅行很多惊喜，遇上很多计划外的好事。

本来我们还在看地图想要几点到哪里看花车呢，结果一走出剧场就看到花车，它们开到路中间停下来了，让游客随意拍照，有姜饼人、Snoopy、Hello Kitty，还有雪人，一大堆卡通人物，都超级可爱。USJ 里圣诞的气氛越来越浓烈。

Monster Rock and Roll 中精彩的演出。

看完花车的时候大概下午 3 点，但是我们重新经过圣诞树的时候发现，在圣诞树前面已经完全坐满了人，带着零食、毛巾全都坐在地上，等着亮灯仪式的开始，园区的工作人员也拉开了等候区，让游客在区域里面坐着。那天的亮灯仪式是 5 点半左右，所以提前 2—3 个小时已经坐满人在等了，我们还在想为什么要那么早在这里等，不是很浪费时间吗。结果发现我们太天真了，他们这样是有原因的。

USJ 的最最重头戏

哈利·波特园区，这个是我这次来 USJ 的最最最最最重的重头戏，完全十颗星推荐！全世界只有两个环球影城有哈利·波特，一个在美国，一个在日本，所以来大阪，如果时间允许又有兴趣的话，一定要来 USJ 看。连我这种只是看过哈利·波特电影的半个小白都被震撼到，更不用说哈利·波特的死忠粉了！

哈利·波特园区分成哈米村和城堡两个比较大的部分，其实哈米村是可以随意进出的，如果不想玩哈利·波特的禁忌之旅的话，就在哈米村里面买东西、喝黄油啤酒，都是可以的。但是如果要进入城堡参观以及玩禁忌

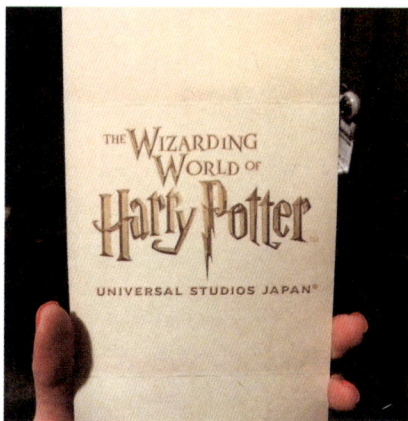

之旅的话，就需要有快 5 或者快 7 的券，或者一大早跑进去拿哈利·波特园区进入券。看别人的攻略都说一大早就要在门口排队等着入场，入场之后还要按奔跑的路线，以最快的速度拿到入场券。如果没有快速票和入场券的话，就需要排很长很长很长的队。举个例子吧，我进去的时候旁边的牌子写的是排队时间 300 分钟，也就是 5 个小时。这时已经是下午 4 点多。而我使用快速票进去只花了 10 分钟。（怎么这一大堆都弄得我好像在卖快速票一样……就像很多人说的，在 USJ，金钱真的可以换来时间。）

哈利·波特园区可以说是一个 Dream Come True 的地方。哈利·波特系列电影可以说是陪伴了我整个童年和青年，每一部都有看，虽说不是死忠，但也是属于我比较喜欢的一类。

整个哈米村在这里神还原，连屋顶堆砌的雪堆都还原得跟电影里面一模一样。还有哈利和罗恩大半夜偷开出去的蓝色小车，其撞到树上，停在进入哈米村路上的情景国。还有九又四分之三月台、魔杖商店、黄油啤酒、猫头鹰商店，以及哈利买魔杖的商店，全部都有，就像是走在电影场景里面一样。当然，除了周围的人都在说日语。

哈利他们坐的火车就停在哈米村的入口，列车长非常可爱。如果你在火车旁边拍照被他发现的话，他会在身后做出各种很好笑的表情，而且不让帮你拍照的人告诉你，拍完之后再迅速逃走。所以如果在照片里发现列车长的身影，不要惊讶，只是一个美好的恶作剧。

哈米村里面有几个小舞台，在几个特定的时间段会有青蛙合唱团出来表演。我们去的时候很不凑巧，表演刚好结束。但从离场的观众脸上的表情可以看出，表演很精彩。

在哈米村里面一直走，就能看到哈利·波特的城堡。虽然在介绍和攻略里面看到很多次，但是在见到的那一

瞬间还是一不小心叫出来，真的跟电影里面的一模一样，耳边响起哈利·波特的主题曲也很有代入感。

拿着快速票直接进入城堡内部，先去存好个人物品，手机可以带着进城堡里面拍照，但是玩禁忌之旅的时候记得要抓稳不要掉了。进入城堡之后就像走进电影里面的场景一样，墙上会动的油画、旋转的楼梯、昏暗的光线、邓布利多的办公室、凤凰的笼子，一切都太真实，还有哈利、赫敏和罗恩的电影片段。除了说的是日语之外，其他都一模一样。

排队一直走上去就可以玩禁忌之旅了，不好拍照我就只能用语言来描述，3个字，太棒了！！！裸眼4D效果十万个赞！！2分钟把7部的内容过了一遍，摄魂怪、伏地魔、树妖，还跟着哈利打了一场魁地奇！这个是真的不能剧透了，太精彩，一定一定要来亲身体验才能知道那种感觉，就是那种让我排300分钟的队都值得！

因为妈妈有一点点恐高，不是很敢玩这个项目，而且也不是哈利·波特的fans，我就直接拿着另一张VIP票再入场玩了一次，第二次出来还是觉得不够过瘾。连续玩了两次禁忌之旅，这次的USJ体验完全没有遗憾了！整个USJ里面，这是我最强烈推荐的项目，真的！

玩完两次禁忌之旅，天色已经暗下来了。

在日本这么多天，比较头疼的就是这边天黑得很早，基本上下午4点就慢慢天黑，5点左右天就完全黑了，特别是北海道。所以如果要安排这个时间来日本的话，要注意一下天黑的时间。特别是日本时间比国内时间早1个小时，这个也是需要时间去适应的。

我觉得倒时差这个东西也是奇怪，我在法国时，时间比国内晚6个小时，结果到的第一天就把时差倒好了，睡得妥妥的，也准时醒来了。但是日本只比国内快1个小时，我就倒了好多天才倒过来。老是看时间，日本时间8点，国内晚上7点，怎么街上那么多店铺都关门了呀。早上7点起床，国内是6点，醒来之后还是混混沌沌的觉得没睡够，但其实睡眠时间是一样的。哈哈，时差这个东西很有意思。

回到正题。进入哈利·波特园区最好可以选择下午快天黑的时间，因为这个时间进来不仅可以看到哈米村白天的样子，还可以看到夜景。玩禁忌之旅之前天是亮的，出来之后天就黑得差不多了。天黑之后哈米村里面灯都亮起来了，也是很漂亮的。橙黄色灯光打在屋顶的"雪"上面，真的很像童话世界里面的场景，很温暖的感觉。

500 米开外的圣诞树点灯仪式

离开哈利·波特园区，马上就到圣诞树的亮灯仪式了。本着快点过去找个好位置的念头，我们一路小跑到圣诞树的区域看圣诞树亮灯仪式。没想到才跑刚进路口就被堵住了，我们被挡在了距离圣诞树几百米开外的地方，前面黑压压的全部都是人，只能看到一点点的圣诞树。

怪不得下午看到的那些人要提前快3个小时在前面的空地上等候，他们等的地方刚好是表演舞台的正对面，能直接看到最精彩最美轮美奂的天使颂歌部分，光是在网上视频里面看，都觉得这个部分很震撼，更不用说现场看的感受了。我们站的地方只能稍稍看到一点舞台的侧面。看来他们有做功课。

虽然我们离圣诞树的距离很远，能够看到的十分有限，但还是能够看到整个场面很美，特别是烟花起来的时候伴着圣诞颂歌，整个人都会不自觉地陷进去，一种很神圣的节日气氛笼罩着整个看演出的人群。有人在跟着唱，有人在欢呼。这个已经不仅仅是一场普通的演出，而是一种氛围，让人一下就融入、陶醉而且难以抽离的氛围。难怪能连续3年拿到吉尼斯世界纪录，不对，加上我看的那场已经是连续4年。

在"日本厨房"觅食

心斎桥和道顿崛是大阪的地标。心斎桥是以带有拱廊的心斎桥为中心发展起来的商店街。这里大型百货店、百年老铺、面向平民的各种小店铺鳞次栉比。石板铺就的人行道、英国风格的路灯和成排砖造建筑物的周防町筋，格调高雅，这一带被人称为欧洲村。

道顿堀位于心斎桥附近，是大阪美食的代表地点。在这里各种餐厅的招牌每天都招来川流不息的人潮。最有名的大螃蟹招牌更是道顿崛美食街的标志。尤其是当夜晚来临，闪烁的霓虹灯更是诱人。许多著名的小吃像金龙拉面、章鱼烧、回转寿司、河豚肉等在这都可以吃到。

在道顿崛有来自全日本的山珍海味，道顿崛的旁边就是千日前商店街，商店林立。走远一点到日本桥附近就是著名的大阪电气街，有各种电子产品。如果走下地铁站，更有一条贯穿大阪市中心的地下购物街。道顿崛附近一带都是大阪最繁华的商业区，几乎没有一寸土地不是被商铺所占据着，这边是很好逛的一区。喜欢逛街的话绝对不能够错过。

不与格力高拍照等于没来过大阪

从 USJ 坐地铁到大阪，再转地铁到心斋桥站。在这里我们又遇到了好心的日本人。

我们到大阪站的时候因为要转地铁，又被大阪混乱的地铁路线图弄得眼花缭乱。看了很久的地图，研究了很久都搞不清楚，只好问路人。在大阪地铁站找到一个女生，好像是在等朋友的样子，我就冒昧拿着地图，指着心斋桥的日语名字上前询问。问了之后她能够理解我想问的是什么，但

在心斋桥购物街上，我邂逅了一棵有灯光组成的圣诞树。

是因为她英语不太好，不知道要怎么解释。想了一会儿，她示意让我等一等，就拿起手机发信息，发完之后跟我们说。

"Come on，follow me（走吧，我带你们走过去）。"

她带着我们到换地铁的地方，我就看到刚刚一直在找的红色线路标示，由于担心耽误到她，我立马表示：我知道要怎么走了，我们自己可以找过去，非常感谢她的帮忙。她一听比我还开心，笑着点头，然后朝刚刚我们来的方向走了。

心斋桥是一个适合买买买、剁手剁手的地方，很多很可爱的小店，vintage药妆店、服装店、餐厅全部都有，想买的、想吃的基本都有，还有寿司店。我们经过一家门口放着很多大鱼缸的刺身店，想想都觉得新鲜。心斋桥是一条有房顶的购物街，天气对买买买的影响不大。

逛了一圈，没有找到我们想吃的东西，就准备在其中一条小巷子走出来，往道顿崛的方向走，到那边去找好吃的。在小巷子里发现了一个小小的居酒屋，店门口放着章鱼小丸子的摊位，刚好可以买一份来垫垫肚子。

来到大阪一定要吃的是章鱼小丸

子，大阪就是章鱼烧的发源地。点了一份，师傅很认真地在做，我们就很认真地坐在旁边等着。日本的章鱼烧比国内的要大很多，里面的料也很足，不像平时吃的都是粉。日本的章鱼烧里面有一大块章鱼，还有很多蔬菜，新鲜出炉的大大圆圆的章鱼小丸子浇上酱汁、撒上会跳舞的木鱼，装在纸盒子里面还冒着烟，大冷天又奔波了一整天，拿着一盒热腾腾的章鱼小丸子，一下子就感到满足了。想要一口吃一个是不可能的，料太足，要分好几口才能吞下去一个。小丸子的表皮微焦，一口咬下去脆脆的，味道很香，里面软软糯糯，再配着脆口的蔬菜和韧韧的章鱼块，口感一层接着一层，丰富得完全反应不过来。

在店门口的椅子上，我们把一整盒章鱼小丸子解决掉了。把盒子扔在店家门前的垃圾桶里之后，继续沿着心斋桥一直走到底，看到一个很大的格力高广告牌，就知道，到了。

道顿崛的标志就是这个格力高的广告牌，上面是一个跑步的人。据说是跑马拉松，为什么格力高会跑马拉松我其实没搞清楚，也没有去深究，只知道这个跑男几乎就是大阪的标志，只要是到这里的人都会拍照，就是一个打卡的地方，拍了照就能表示

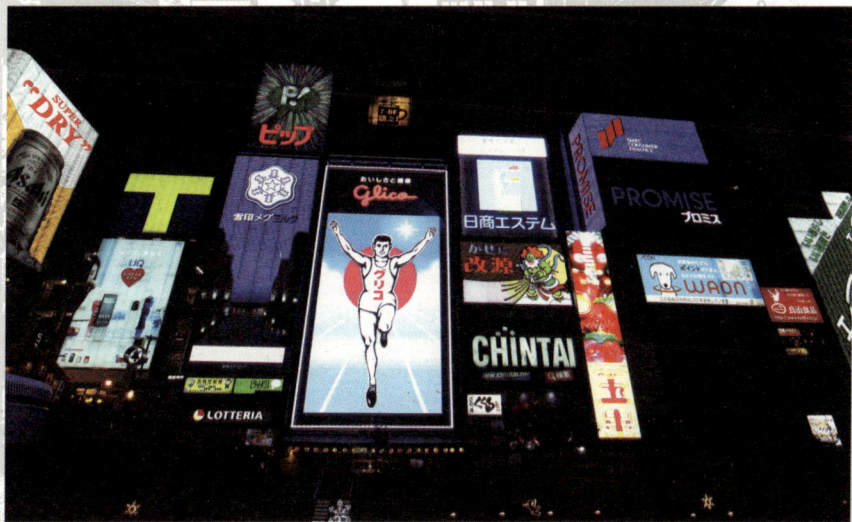

我来过大阪了，就像到了北京要跟天安门照相，到了广州要跟广州塔照相一样。在后来，我到札幌跟一个偶遇的女生聊天的时候，我说起 OSAKA，她说了一个日语的词，问我有没有去过，我猜应该是道顿崛，但是不敢确定，她就说有一个很大很大的广告牌，我就能确定她说的就是道顿崛。可见这个在日本本地也有很高的知名度，几乎就是地标式的广告牌。

在格力高广告牌的对面有一个明星的广告，我之前查资料的时候一直有看到其他人提到过，好像是日本一个很有名的明星，但是很抱歉我对日本明星的关注度不高，所以完全不认识他是谁……

让人拔不动腿的道顿崛美食

道顿崛很出名的除了那个地标性的格力高广告牌，还有各式各样逼真的门店广告，蟹道乐是很多人到道顿崛要吃的，门口就是一只硕大的螃蟹，想错过它都很困难。因为我打算到北海道再吃长脚蟹，就没有在这里预订位置，不知道是我们到的时候比较晚了还是其他什么，并没有看到传说中的排队的人龙。在橱窗看了一下，几乎都是一个套餐几个菜，都是蟹做的。

还有一个饺子店的门口挂着一大盘煎饺样子的模型，油光在霓虹灯下泛着光，焦黄的饺子皮让人特别有食

欲。这个饺子店在日本全国各地都有，我们后来在札幌吃了一次，味道不错，是经典的味道，跟北方的猪肉大葱水饺的味道很像，就是比北方的味儿甜一点点。

在饺子店的不远处是道顿崛很出名的章鱼烧店，门口挂着一串巨大的章鱼烧模型。店门口排着长长的人龙，应该都是慕名而来。因为我们刚刚在心斋桥已经吃了章鱼烧，就没有在这

里排队吃。

逛了一会儿，章鱼小丸子消化得差不多，肚子又开始有点饿了。就随便找了一家看上去人比较多的寿司店，坐下吃回转寿司。不好意思，因为我们真的挺喜欢吃回转寿司的。

日本的回转寿司也有不同的种类，有一部分回转寿司是像国内一样，按照碟子的颜色区分寿司的品种和价钱，也有一些寿司店是统一价钱，全部种类的寿司都是一个价。像我们吃的这家寿司全部135日元，也就是8元多人民币的价钱。不要以为便宜味道就不好、分量就很少哦，这里的寿司出乎意料的很新鲜，味道很不错，种类也很多，想吃什么可以直接跟店员下单或者等回转带上面的寿司转过来。可能因为这边游客比较多的缘故，菜单上有英文教顾客应该怎么点餐，每个寿司上面分别是什么，完全可以自助。

寿司店里有很多日本学生，还有

一些一个人来吃的，都是拿好几盘慢慢吃，时不时跟寿司师傅说说话聊聊天，有的直接跟寿司师傅下单。估计是熟客就可以直接跟寿司师傅说自己喜欢的味道，让师傅给私人定制呢，店里面的气氛非常热闹。

我总觉得旅游就应该找这些店吃饭才能够体会到当地的文化和氛围，名气大的店不是不好，名气大自然是有它的特色和原因，但是名气大带来的后果就是为了迎合游客的喜好而改变了本来应该有的特色和质朴，而变得大众化，反而没有了最初的感觉。就像我对有名的连锁餐馆总是持保留态度一样，你不能说它的味道不好，但是始终会在商业的利益和扩张的过程中失去原有的特色和本质。这也是我为什么很喜欢日本的小餐馆，特别是经营了几代人的那种，能够守着一家小店真的不容易。就像我在台中逢甲夜市排队买软壳蟹的那个老板，一个小小的摊位，后面排了一长串的人，老板也不管，直接背对着排队的人群，该怎么炸怎么炸，上来一个问喜欢什么味道，要不要多加一点调味粉，不紧不慢的，这才能做出大家都愿意排队去等待的好味道。

吃完寿司出来已经晚上 9 点多了，原本以为，像这里那么热闹的商圈店铺关门时间会晚一点，还可以逛个街散个步再回酒店，但是出来一看，整条街的店关了一大半，剩下的也都在收拾东西准备关灯了。

看着这新鲜的三文鱼寿司，我怎能不放开肚子大吃。

大阪再见，
北海道你好

这一天是圣诞节，Merry Christmas！

新的一天从一顿丰盛的早餐开始。没错，这是我的座右铭。

没有啦开个玩笑，哪来那么接地气的座右铭。不过能吃到一个好的早餐，一天的心情都会很好，这个是真的。

在酒店楼下的拉面店旁边有一家日式定食店，很干净，我们今天就决定选择这一家试试看。日本很多店铺都是进门有点餐机，可以先选好想吃的东西，再放钱进去购买餐券，然后把餐券拿给店员，店员就会按照餐券准备餐食送到你面前。一切都很自助，而且在点餐机上有餐点的图片和少量长得跟汉字一样的日语，半猜半蒙就能猜出来是什么。这样购买餐券其实也能最大程度地减少程序、提高效率。

我们都买了一份定食，分量不大，内容却不少。有米饭、汤、蔬菜、豆腐，妈妈的那一份还有纳豆，说是因为没试过可以试试看。纳豆这个东西喜欢吃的人会一直吃，停不下来，完全上瘾，不喜欢吃的人就一丁点都不会碰。我就是属于不喜欢吃的那一类，哦对了，我妈试过之后也决定跟我站在同一边了。

日本的东西大多都很清淡，没有很重的调味料，而且重要的是很少油，但是又不会很容易饿。用料很新鲜，大多保留了最原始的味道。像我的定食里面有白豆腐，上面浇上一点点酱

日本餐馆常见的点餐机。

086

油，用筷子一夹，还能够感觉到豆腐的韧劲，放进嘴里，豆腐入口即化，留下的就是很浓郁很天然的豆香味，慢慢化开。就像小时候在乡下吃到最新鲜出炉的手工豆腐一样的味道，但如今这个味道已经很难找到了。

Tips

如果不想在那些小店里面吃，日本百货商店的饮食部是一个非常不错的选择。不要以为是百货商店的饮食部就不好，这里的东西也是琳琅满目，搭配得很好，各种定食炸物饭团寿司全部都有，刺身小吃零食也不少，而且价钱很便宜，服务人员的态度也超级好。到了晚上关门前1个小时，百货商店的饮食部都会打折，各种打折，很多都是半价。有时候酒店没有包早餐的话，晚上可以趁着打折去买点饭团，第二天早上做早餐也是不错的。

大阪的最后一瞥

早餐后我们出发去在大阪的最后一个景点——天守阁。

大阪城天守阁本来是于16世纪由丰臣秀吉所建，为了建造大阪城，他命令全国的诸侯都要参与兴建工程，许多护城河及城郭所用的石块也是由各地诸侯所捐献而来，并且在3年内动用了数十万名的劳工，以其辛苦的血汗建造而成。

比起天守阁本身，我们对园区旁边还没有凋零的枫叶比较感兴趣。赏枫的季节刚刚过去，现在还能在大阪看到如此完整的枫叶实属不易。第一次亲眼看到枫叶的感觉很神奇，金灿灿地挂了一树（怎么觉得南方的孩子很多东西都没见过）。

天守阁周围有很多市民在跑步健身。很难把一个在大阪地位那么高的建筑和市民日常健身活动联系在一起。后来我们在东京皇居的时候也看到很多人在附近跑步健身。也太亲民了吧。

因为走上去还有一大段距离，而且我们只是想在外面转一转，就没有继续往上走。在天守阁的旁边有一位老人家拿着饲料在喂乌鸦。

说起乌鸦，这个在国内象征着坏运气的黑色小鸟，在日本确是吉祥之

物，因此在日本很多地方都能够看到乌鸦。日本人对乌鸦也很好，而我们看到乌鸦则是掉头就走。

老人看样子经常来这里喂乌鸦，乌鸦都很习惯地飞到他旁边要吃的。

离开天守阁，我们回到京桥站，在酒店楼下的百货逛街。因为年底大促，很多店家都直接打出4—6折的价钱。日本的衣服料子很好，板型也不错，碰上年底大促价钱更是诱人。这就是为什么我们最后带来的两个箱子全部塞满，再在日本多买了一个100L的箱子才能把东西全部装完的原因。

逛完街就到我们到处觅食的时候了。酒店后面有几条小巷子，很多小店、网吧都在这里，拉面什么的也有很多，还有卖水果的店。日本的水果很好吃，价钱也不贵，全部都很新鲜，可以多买一点吃，毕竟水果过不了海关，这种东西就要趁在日本的时候多吃一点。我在日本几乎每天都吃一盒草莓。

北海道，想说见你不容易

逛完街吃完饭，眼看时间差不多了，我们就回到酒店收拾好行李办理退房。从京桥站出发到大阪伊丹机场，准备坐飞机去北海道了。

因为预计错误，我们坐成了慢车，导致原本提前1小时到机场的预算变成在飞机起飞前的30分钟左右。在车上一边看着时间心里一边发毛，生怕赶不上飞机。因为在国内的话，即使飞国内航线，也要提前45分钟办理登机手续，晚了的话系统一停、闸口一关，就只能错过飞机另觅出路了。在车上的时候我就一直用手机查日本飞日本线最少要提早多久时间办理登机，结果搜出来的答案五花八门，有的说半个小时，有的说最好提前1个

小时，有的说 10 分钟，完全不知道该听谁的，反而越查心里越慌。

为了不错过飞机，地铁门一打开，我们就拉着行李一路狂奔到 ANA 的柜台办理手续，结果一路上又是阶梯又是拐弯的，还要停下来看看箭头的指示。等到达 ANA 值机柜台的时候只剩下 25 分钟飞机就要起飞了。我们火急火燎地把行李箱扔到安检机过安检，再跑到柜台前面，结果空姐拿着我们的护照不紧不慢地给我们办理登记手续，告诉我们登机口，用笔画出座位号。我一下就傻眼了，还很吃惊为什么她那么淡定。

到了登机口还要换乘接驳巴士，在距离飞机起飞时间只有 10 分钟的时候才开车。因为是小飞机，人很快就上完了。最后飞机准时起飞。

后来听说，ANA 的航班飞国内线的话，基本上提前 15 分钟到就可以了。这是有多淡定。

PART3

北海道，
我的人生初雪

北海道，这三个字就透露着童话的色彩。

札幌的漫天大雪和热腾腾的拉面，

小樽运河截然不同的日与夜，

函馆朝市的大快朵颐和世界三大夜景，

旭川憨憨的动物和蔚蓝清澈的天空。

如果你来过就会知道，

北海道远比你想象中的要更美好。

札幌，
雪落心头

经过大约 1 个多小时的飞行，飞机顺利降落在札幌新千岁机场。

北海道，这个童话一样的名字，童话一样的地方。

下飞机之后立即会有接驳车过来接旅客，一路送到机场。车停稳之后，司机和车上另一个工作人员齐刷刷地站在车头，一直对着下车的旅客鞠躬，他们在说什么我听不懂，

但是就是一直一直在鞠躬，大概的意思好像是感谢。

到札幌站拿好行李之后，就可以到 JR 站购买去札幌站的车票。1070 日元一张票，37 分钟就能到札幌。由于当场买的是自由座，如果人太多的话需要一路站到札幌站。如果有用 JR Pass 的话可以提前预约座位。

一来到北海道，从小在南方长大的我就兴奋了。第一次看到铁轨上堆着白白的雪。第一次看到飞机降落的时候，窗边看到的不是灰灰的水泥地面，而是铺着薄雪的一片洁白。到处都是雪来过的痕迹。

由于酒店距离 JR 车站很近，到达 JR 站后我们打算先去酒店放下东西再出来找吃的。

一出车站的玻璃门我就惊呆了，外面竟然在下雪，是真的在下雪。伸出手想接住这些从天空飘下来的小天使，一小簇白色小棉花状的雪花就飘落在我的手上，然后因为手掌的温度

悄悄化成一滴小水珠。

　　别说下雪了，长那么大我连雪的影子都没见过，之前去安徽黄山的目的就是为了看雪看雾凇，结果雪在我到达前就化完了，剩下一整天云里雾里看不着前路的云海。在札幌看到絮絮的雪花从天空飘下来的那一瞬间，真的各种兴奋、各种复杂的心情全部涌上来。我也不管外面的温度有多少，衣服有没有穿够，围巾有没有围好，扔下箱子就直接跑出车站踩雪、用手摸雪，要不是旁边人多，我真的想躺在雪地里滚两滚。

　　南方的孩子第一次见到雪，那种兴奋到不知道该说什么的心情我完全体会到了。就算现在看照片那种感觉还是不断地涌上来。

　　来之前在香港看到的新闻都说札幌今年的雪很大，要注意安全，北海道到处因为雪大无法出行什么的。但那个时候我已经不管雪下得大不大了，真的太幸福太幸福了！！而且札幌的雪看样子已经下了有一段时间了，积雪很厚，路边的雪已经比路上的车要高。而且北海道下的是棉花雪，很轻很薄，也不容易融化。

　　你知道吗，原来雪踩上去真的会有"咔嚓咔嚓"的声音。那一刻，我心里是满满的感动。

我也想穿着和服、撑着伞在雪地上行走，静静地聆听雪发出的"咔嚓"声……

札幌深夜拉面的故事

现在就到讲故事的时候了，这是一个关于深夜拉面的真实故事。

在酒店收拾完行李出来已经将近晚上 8 点半了，打算去吃北海道长脚蟹，问了酒店前台附近有没有好吃又不贵的店家。前台推荐了车站旁边的蟹本家，我们就出门踩着雪去觅食。

但是好不容易走到蟹本家一问才知道，当晚已经不再接受客人，全部客满，而且从当天一直到 12 月 31 号的晚上都基本上订满了。那时已经是晚上 9 点，由于天黑得早，而且天气也冷，札幌站附近很多店家都已经关门了。我们就在想要不要回札幌站，看看有什么可以吃的饭团或者便当，买点回房间吃就算了，毕竟飞机也有点累。

往回走到路口在等红绿灯的时候，我们发现旁边站着一个戴着口罩的女生，她好像在等人。虽然已经不抱什么希望，我们还是碰运气般过去问一下，打听打听附近有没有什么还

开着的餐馆或者拉面馆。

没想到这么一问，就成就了我这23年过得最好最幸福最温暖的一个圣诞节。

一句纯正英语换来的纯正友谊

我走过去用英语问说，"Excuse me, do you know where can we find something to eat？（不好意思，请问你知道我们可以在哪里买到吃的吗？）"结果出乎我意料的，那个女生用很流利的英语回答我，"What do you want to eat？（你想要吃些什么？）"

我当时就被惊呆了，一下子还没反应过来，这几天被日式英语口音训练的我，本来已经做好心理准备要听到很经典的日式英语，突然遇到纯正的英语竟然让我有点不知所措。这是我在日本遇到的英语讲得最好的日本人，完全没有口音，很纯正的英语。

我们说因为刚刚坐飞机到札幌，打算尝尝很出名的札幌拉面，如果实在没有，有小餐馆也没问题。她点点头说"Yes, Ramian is better in this weather.（对，这种天气吃拉面比较适合。）"然后就开始用手机帮我们查附近哪里有好吃的拉面店。查了一会之后告诉我们说，这个时间附近的拉面店大多数都关门了，札幌的店关门比较早。

我们就打算说，那就还是按照原计划随便买点什么回房间吃就好了。正打算对那个女生表示感谢，然后道别。但是那个女生突然跟我们说"Wait a moment（等一下）"，然后跑向后面等在路边的男生。这个时候我们才看到，在后面路边停着的出租车旁边一直站着一个男生，应该是叫了车在等她，但是因为看到她在帮我们，就没有出来催或者什么，只是远远地站着等而已。

他们聊了一会儿，突然回过头示意让我们过去一下，对我们说，在札幌市中心那边有很多店会营业到很晚，而且由于是圣诞节，那边今晚应该会比较热闹，他们今晚刚好要过去和朋友吃饭，可以顺路一起坐出租车把我们带过去。然后问我们住在哪里，住得远不远。得知我们就住在札幌车站旁边之后，那个女生跟我们说了从市中心要怎么回酒店，大概要走多久，说保证到那边走回来不会很久而且路都很好走，不需要担心。

因为我们刚刚下飞机，而且是在路边问路认识的陌生人，他们说的是日语我们听不懂，语言上不通，我们难免对他们的热情还存在一点戒心，毕竟出门在外，凡事留个心眼。当时我们还有些犹豫，互相看着对方有点不知道该怎么回应，但是他们一直很热情说没关系，反正他们也要去那个方向，我们就决定一起过去看看。

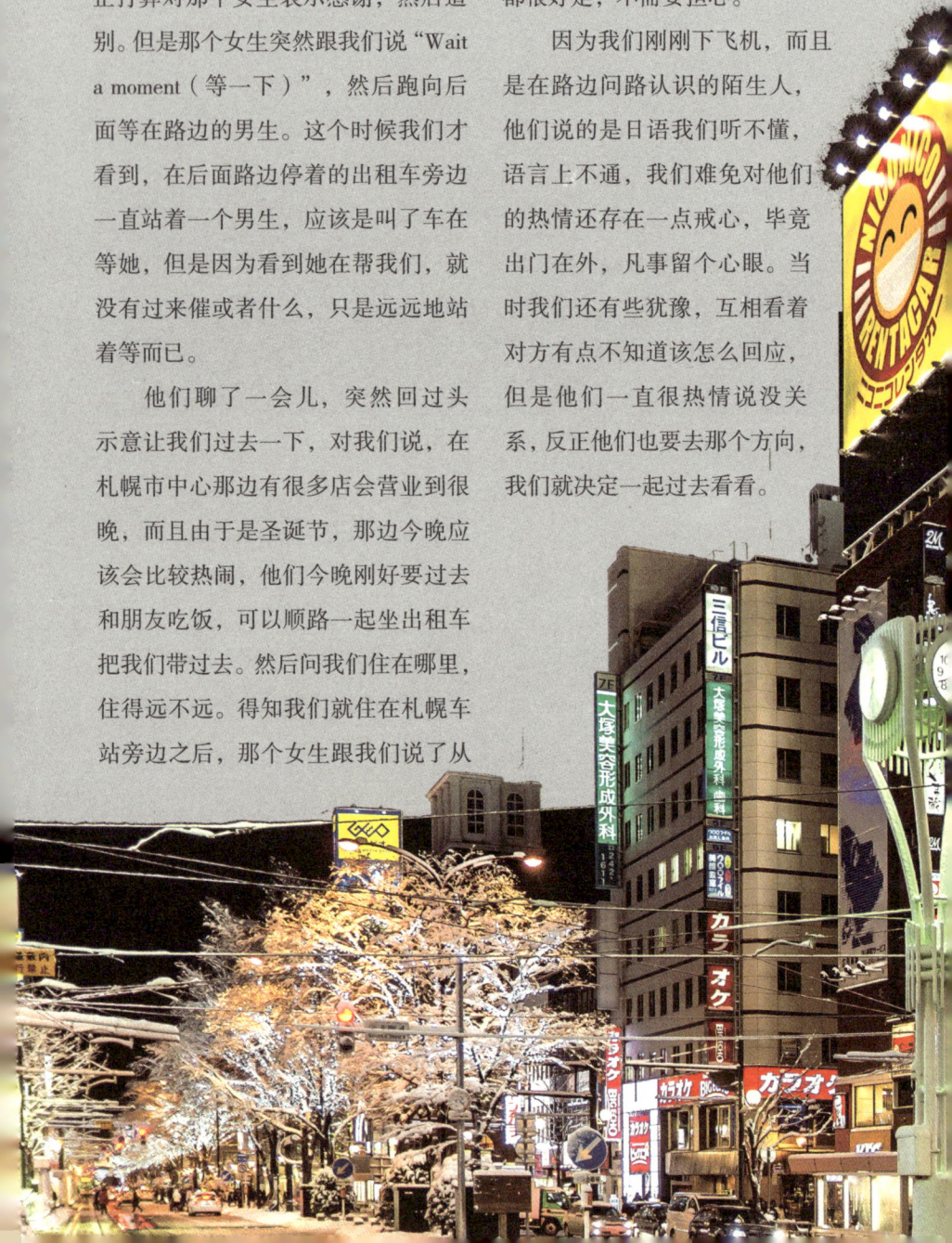

上车之后，那个女生就一直在跟我聊天，问我"Where are you from？（你从哪里来？）""How long will you stay in Japan？（你会在日本待多久？）""Where have you been before Sapporo？（在来札幌之前你们去了哪里？）"。

我也告诉她我们在日本的行程和旅游计划，她说我们把日本热门的地方都差不多跑遍了，她有些地方都还没去过。还说到了大阪的道顿崛，因为我不知道道顿崛的日语怎么说，所以她说的时候我只能摇头表示不知道，她说就是那个很大的广告牌，格力高的那个，我就连忙表示，"Yes！Yes！Yes！We were

there last night！（对对对，我们昨晚就去了那里！）"所以格力高是大阪道顿崛标志这个事情是连日本本地人都认同的！

我问她有没有去过中国，她说之前去过北京和香港，因为我在香港，一下子就把话题拉到香港上了，她喜欢香港的夜景，还有港式茶餐厅也很有趣，虽然街道很小但是一个很有意思的地方。她说中国的东西很好吃，很让我惊讶的是我原本以为日本人的口味普遍偏淡，不喜欢吃太辛辣或者重口味的东西，结果她说她很喜欢吃川菜和北京烤鸭，尤其喜欢火锅，还有北京烤鸭的酱，也就是甜面酱，喜欢到她说完甜面酱还惊呼了一声。她朋友和我妈妈应该很奇怪 10 分钟前才认识的人，现在就已经成为知心好友了。

聊着聊着我们加了对方的 Facebook，留下联系方式以便日后好联系，而且平时也可以分享一下对方的生活。因为我的生日是 11 月底，她看到 Facebook 上面朋友给我的生日留言，还给我说"Happy Birthday！ Even though it is a little late~（生日快乐！虽然有一点晚了～）"说好了她下次来中国的时候一定一定一定要找我，我带她去玩去找好吃的。当然还有她最喜欢的川菜和北京烤鸭的甜面酱。

我们聊着聊着，不知不觉出租车就到札幌市中心。我们还在后面聊得不亦乐乎，她的朋友坐在前面很快就给司机付了车费而且打了表，我也没看清楚一共多少钱。于是我就提出要分摊车费，毕竟听说日本的出租车费比较贵。

但是那个女生对着我说"No, you don't need to，this is your Christmas gift！ Merry Christmas！（你不需要给我车费，这是你的圣诞礼物，圣诞快乐！）"

下雪天，听说拉面和冬天更配

下车之后他们带我们往巷子里走，来到一家很不起眼的拉面店门口。那个男生先跟店员用日语交代好我们几个人，问还需要等多久。然后告诉我们这是在当地很出名的拉面店，有很多当地人都会来吃，经常要排队的。

由于担心我们不懂日语没办法买餐票，会点错成不喜欢的拉面，他们带我们到买餐票的机器前面一个一个给我们解释，可以怎么点单，哪个拉面比较好吃，哪个比较热门，哪个比较经典，要加配料的话要按哪个。

把细节都交代好之后，那个女生就说他们先离开，其他地方还有朋友在等，我们可以在这里慢慢吃。最后主动跟我们拥抱道别。

我永远相信一句话，人与人之间的相遇都有它的意义。在出发之前我怎么会想到只是因为大雪天找不到吃的，我们在路边随便的一句问路，竟然能够在这个人生地不熟的地方遇到

她，接受这一份温暖的礼物。

我一直相信，相遇是一种美丽的缘分，正如张爱玲所说："于千万人之中遇见你所遇的人，于千万年之中，时间的无涯的荒野里，没有早一步也没有晚一步，刚巧赶上了。"

我们就这么正好的，赶上了。

拉面店真的很小，门口旁边有很多人在排队，而且都是日本人，很多是刚刚下班，还穿着西装、提着公文包，几个同事下班了一起来吃拉面的。

透过玻璃门看到店里面只有一排靠着厨房的桌椅，只能坐9—10个人。

就是那样一间小小的拉面馆，才能体会到那种最地道的日本拉面文化。

在门口等了大概5分钟，店员示意我们可以进去了。进到店里找到位置坐下，仔细看看，店面真的很小，但里面非常干净，该有的都有，一切安排得井井有条。由于是冬天，墙边还有备好的衣架给食客挂大衣。

食客们聊天谈笑，跟厨师提出自己的要求，厨师也很高兴地回应着。

在来日本之前就听说，在日本吃拉面的时候发出的声音越大就表示这家拉面越好吃。由于之前一直没吃拉面，所以没

有体会，今天在这家札幌当地人才会来的正宗拉面店我们终于见识到了，旁边的日本人全部把面吃得很响，嗦嗦嗦的筷子一夹，嘴巴一吸气，一大撮面条就入口了。据说客人吃面的声音越响厨师就会越开心、越有成就感。真的是很有意思。

我们点的是札幌比较传统的味噌拉面。只见厨师在面前拿出碗，在热乎乎的一大锅汤里烫好面，倒入已经盛好味噌汤底的碗中，放好菜码，就端到我们面前。

放在面前的一大碗面，配料很足，大

块的叉烧肉整齐地排列在碗的一侧，铺满的豆芽、香葱和葱白刚好中和了肉的腻味，还有对半开的溏心蛋，蛋黄还泛着光，水盈盈的，棕色的汤表面还漂着点点的油花，淡黄色的拉面很筋道爽口，看着就觉得幸福感从心底里涌出来。对于一些吃得比较清淡的人来说，味噌汤的味道可能会比较咸，因为味噌的味道相对来说会比较重，如果平时就吃得比较咸的话就会很喜欢这个味道。夹起一撮面放进嘴里，首当其冲的是浓郁的香气。慢慢品味，面的劲道配着越吃味道越浓的味噌汤，如同一首交响乐，从浅逐渐深入，最后达到味觉的高潮。所以那么多人说日本的拉面是艺术，原来是真的。

下雪天，拉面和冬天更配哦。

居然可以在地下隧道迷路

就着腾腾热气，我们很满足地吃完拉面，向店员道谢后离开拉面店，准备散步返回酒店休息，顺便欣赏一下北海道圣诞夜的大雪天。在拉面店

旁边有一家卖包子的店，蒸汽弥漫的样子在下雪天特别好看。厨师在全透明的工作间包包子，一切都看得一清二楚。

日本很多地方都是这样，厨房都是全开放式的，卫生做得特别好，厨房里面厨师做什么都看得见，吃起来也很放心。

在回酒店的路上走着走着，看到一家很出名的国连锁的饺子店，就是在大阪道顿崛看到的那个门口一个大饺子模型招牌的饺子店。刚好拉面吃下去，肚子还有点空余，就碰着这个巧也尝尝日本的饺子是什么味道。找好座位，点了一碟最招牌的煎饺，其实就是东北的猪肉大葱馅水饺，不过

圣诞夜无意地邂逅：狸小路商店街。

日本饺子的味道更甜一些，油用得少一些。

吃完了东西，我们就散着步踩着雪回酒店，突然发现原来狸小路就在附近。本来还打算查地图看看的，结果无意中又遇到了。所以这个圣诞夜接连给了我好几个惊喜。

走在路上的时候我们发现一个很奇怪的事情，路上没有什么人，那天晚上是圣诞节，晚上 9 点多的样子，还没到 10 点，不可能市中心也没什么人吧，札幌也没有冷到这种程度。看到一个地下隧道的标志，之前那个女生也告诉我们可以从地下走回酒店，我们就顺着楼梯走下去，而走到地下就找到路面上没那么少人的原因了。

整个从札幌市中心连接到 JR 札幌站的地下都是空的，人都在地下走，而且地下应该有提供暖气，比地面上要暖和，地面非常非常干净，两旁不会有店铺，就是干干净净的、很单纯的地下隧道。地下的灯光开得很亮，屋顶很高，很敞亮，不会觉得压抑拥挤。在地下隧道我们看到两旁时不时会有艺术展品，还有连接到周边购物商城的标志，非常明确。我还发现地下隧道的一个出口可以通往下水道博物馆。很久之前就听说日本的下水道是逆天的存在，有兴趣的话完全可以去看看，长长见识。

光是这样一条地下隧道就能够充分体现出日本设计的人性化，不得不让人由衷赞叹。

因为地下隧道过于四通八达，我们迷路了。对的，在札幌的地下隧道里迷路了。我们需要看隧道里面的地图来找酒店的方向，但是很不凑巧，在我们看到的那个地图上找不到酒店的名称，只能找到 JR 站的位置，我们只好先试图在全是日文的地图上辨认好方向再出发。

在我们看着地图上的日文猜意思的时候，旁边有一个日本女生戴着耳机在等人，可能是看出我们看地图看了好久也没有头绪的样子，就摘下耳机主动过来问"Where do you want to go？（你们要去哪里？）"，

我说了酒店的名称并且表示在地图上看不到，所以才一直在地图前面找方向，但是由于日语无能，只能靠猜。她听后就很详细地给我解释要怎么走，地图上没有画到那个方向，大概要走多久。

虽然她的英语说得不太好，每说一句话都要想一阵子，但是还是很尽力地给我解释，想尽量让我能够听得懂她想表达的意思。

按照她的指示，我们很快就走回 JR 站，再顺着之前的路线回到酒店。到达酒店房间的时候，我们才刚刚到札幌 4 个小时，但是这短短的 4 个小时我遇到了太多没有预料过的惊喜，看到了人生中的初雪，偶然问路遇见了好心的当地人，无意中发现行程中还没规划的地方。短短一个晚上，我们偶遇太多很暖心的人、很暖心的事，我已经彻底爱上了这个地方。难道这就是给我的圣诞夜礼物吗？

The Best Christmas Ever！！

为了吃到长脚蟹，我们也是蛮拼的

圣诞节翌日，是我们在日本的第四天。

一大早起来就看到酒店的窗外在下鹅毛大雪，雪花顺着风的方向，盘旋着飞向地面。放眼望去，整个世界都变成了白色。

本来今天的行程是打算去北海道大学走走的，因为从酒店走过去就只是 10 分钟的路程。无奈当天的降雪量有 70%，雪真的大得可怕，尤其是对我们这些没见过大雪的人来说，走在这样的大雪里完全没有概念该怎么办。在房间等了好一阵子雪都没有变小的念头，只好无奈取消去北海道大学的计划，先继续在酒店里面等等看，等一会儿看看，雪小了再决定接下来的行程。

但是总不能因为下大雪就不出去了吧。射手座的妈妈总是雷厉风行，一直在催促着我出去走走逛逛，不要光待在酒店里。我妈出来旅游的名言就是，"明天早上给我早点起来，出来旅游不是睡懒觉的啊，早点起来可以多去一点地方。"所以带着我妈出来旅游行程完全可以安排得满满的，我们两个在台湾可以早上 8 点出门，一直到晚上 11 点逛完夜市才回房间休息，然后第二天继续。

反正临时取消一个点，时间突然就充裕了，我们就决定先在酒店附近走一走、看一看，玩玩雪拍拍照什么的。一到雪地里"没见过世面"的本性就显露无贵了，我们瞬间活过来了。在雪地的大雪堆里面喊着"1、2、3"

跳着拍照，然后对着镜头撒着雪拍照，站在已经积到膝盖高度的雪地里展开双手。

在雪里玩够了，我们就跑去昨天晚上满座的蟹本家碰运气。

因为前一天晚上我们在店门口问有没有空位的时候，店里一个会说中文的服务员告诉我们，虽然预订已经到 12 月 31 号晚上了，但是如果在中午开店的时候过来等，有可能可以拿到座位，因为大部分预订都是在中午一点半之后开始的，中午 12 点开店，如果有时间的话可以去碰碰运气。算好了用餐时间是一个半小时，我们在 12 点整刚刚开门的时候就过去，试探着问问有没有空位可以用餐。一个很帅、很萌的日本小正太正在开门，看到我们进来，就把我们引进店里，问我们几个人，然后招呼我们脱鞋上楼准备用餐。

为了吃到北海道长脚蟹我们也是很拼的。

终于等到你——北海道长脚蟹

蟹本家是一整栋的木制建筑，店内都是日式装潢，但可以放心不用像日本人那样跪着吃一个半小时，如果跪着吃一个半小时，蟹的腿还没吃完我的腿就已经没感觉了。在这里的桌子下面有可以放脚的地方，而且用餐的地方私密性非常好，服务员也只是会在刚开始点菜和上菜的时候进房间，中间如果有需要的话按铃她才会过来帮忙，其他时候都是关着门的。给客人很好的私人空间，可以不考虑什么吃相仪表什么的，吃得多难看也没人看得见，尽管撒开了放开了吃！

菜单里面的选择很多，全部都是蟹的料理，也有套餐可以选择，菜品的数量和质量不同价钱也会有差别。我们就直接选了一个二人套餐，11000 日元，按照当时的日元汇率，大约 600 元人民币。事实证明，二人套餐 3 个人都可以完全吃饱，量真的很足。

前菜是我最爱的玉子、蟹肉色拉，还有一个不知道是什么鱼的小鱼干。小小的一份，很精致，挤上柠檬汁，配着鱼干咸咸甜甜的味道，很开胃。

第二道菜是无比新鲜的蟹腿刺身和鱼肉刺身。前面也说到，我在国内从来不会吃刺身，总觉得处理得不够好，有一股奇怪的味道。到了日本我才开始吃刺身，这里的刺身真的太好吃，完全新鲜，还带着点淡淡的海水味，吃多了也不会觉得腻。

蟹腿刺身足足比我的手掌还要长出一大截，蟹腿上的蟹肉还包在坚硬的蟹壳里面。因为都已经处理好，用特制的吃蟹工具轻轻一刮就能刮出一整条蟹腿。

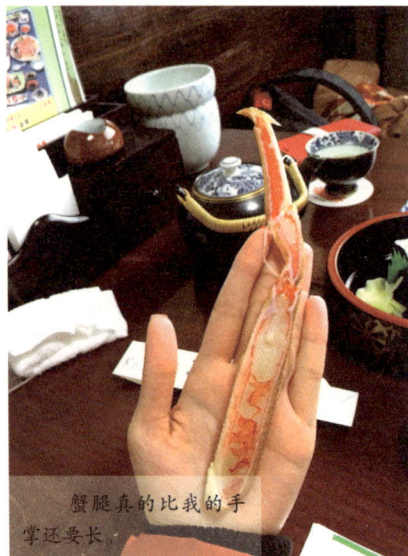

蟹腿真的比我的手掌还要长。

这个套餐的重头戏是一大锅蟹肉火锅。服务员端进来的大盘子把我们被吓到了，里面满满的装着各种蔬菜和好多长长的蟹腿。放进锅里煮之前她还问我，"Picture？（要拍照吗？）"还用手势做出拍照的样子。哈哈，原来在日本也流行相机先吃。把这满满的一大盘放进锅里也是有讲究的，不是像平时吃火锅一样一股脑全都倒进去。服务员把每一样按照次序放进锅

里，蔬菜和粉丝垫在底下，蟹腿和蟹肉放在上面。除了味觉享受，视觉享受也不能少。对于吃货来说，看着那么满满一大锅好吃的，幸福感油然而生啊。

因为妈妈喜欢吃寿司，我们还点了一份蟹肉小卷。结果上来发现分量实在太足，名字叫小卷，实际是大卷，而且里面的米压得很紧实，吃一个就饱了。

除了先前的蟹腿刺身，还有一份熟的的蟹腿。同样的，完全不用担心吃蟹太麻烦、吃不干净、浪费了什么的，店家全部都已经处理好了，只需要轻轻一剥，然后直接用工具刮，蟹肉就会完完全全一丝一丝地脱离蟹壳。全部刮完之后盛一勺满满的肉，再一口吃完。吃一大口满满的蟹肉真的是太幸福了！

到这个时候，我们已经八分饱了，但没料到这个二人套餐那么实惠，吃完了前面一大拨蟹肉料理还只是套餐的一半而已。接下来会上小吃，是一个把蟹肉和蔬菜放在蟹壳里面油炸的菜，挤点柠檬汁配着吃，很香口又不会很腻。勺子轻轻一舀，满满的蔬菜和蟹肉，放进嘴里又是满满的一大口蟹肉带来的幸福感。

等我们把蟹肉火锅吃完，还剩一点点汤的时候，服务员就会进来在剩下的一点蟹汤里面倒点米，再打个鸡蛋下去搅拌，煮成两碗浓浓的蟹汤鸡蛋粥。原本的蟹汤里面就有蔬菜的清新味道和蟹肉的鲜甜，没有加调味料也好吃得不得了，即使已经十分饱了还是停不下勺子。一小碗鸡蛋粥，再配上新上的梅子、盐渍菜和腌萝卜作为小菜，真的一点都不会浪费。

吃完粥你以为就要结束了吗？还没有！最后的最后还有甜品，一碗北海道牛奶制作的优格，加上新鲜水果切块，可以帮助消化和解腻。因为我不吃奶制品，妈妈就负责解决掉两人份的甜品。

吃完正好用了一个小时20分钟，收拾好房间之后预订的客人就可以入座。前面吃的这么多这么多这么多的蟹肉料理，最后结账11886日元，约合人民币770元。在国内吃的话，这一餐至少是1200—1500元人民币，要吃到这种味道和口感的蟹肉也挺难找的，而且服务超级棒。所以在来北海道的"to eat list"上，一定一定一定不能错过的就是北海道的长脚蟹，绝对物超所值。

小樽运河，
你好吗？我很好

吃完长脚蟹，我们散步走回 JR 站，准备坐新干线到小樽。由于早上在 JR 站激活了 JR Pass 的车票，这一趟车我们没有提前预订，也不需要提前预订。在入口处向工作人员出示车票，直接看时刻表上最适合自己或者最近的一班车，记得车次和哪个站台上车就可以了。札幌到小樽的列车有很多，基本上隔几分钟就有一班车。

从札幌到小樽一路上的雪景比在札幌看到的更漂亮，雪下得更大。每到一个站开车门的时候，都能看到把站牌埋起来的小雪堆，有的都快到站

牌柱子一半的高度了。由于小樽靠海，所以这一段路程是海岸线，列车的左边是被白雪覆盖的山和树，一转头看右边，就是茫茫的大海，海浪翻滚，划成一道道白色的浪花。妈妈说像是坐在韩国电影雪国列车里面一样，放眼望去四周都没有人，只有我们的列车在无边无际的雪地里往目的地开去，耳边只有火车的轰鸣和海浪拍打海岸发出的声音。

大部分人对小樽的认识都是因为这里是日本经典电影《情书》的取景地，这里也因为《情书》而成

为了旅客们来到北海道不可错过的旅游景点。

札幌到小樽大概需要45分钟的车程，报站的时候会说"Otaru"。如果听不懂的话可以看着车上的报幕条，写的就是中文的小樽。而且因为小樽是这一趟列车的终点站，所以不需要担心坐过站，再加上大多数人的目的地都是小樽，跟着大多数人走准不会有错。

列车靠站后就看到四周一片洁白，这里的雪下得更加凶，站在露天的地方身上一下子就能盖上一层薄薄的雪花。小樽车轨上的雪也比我们昨晚在札幌看到的要多很多。原本以为车站这个状况已经够了，结果出站了之后才发现 too young too naive 了，车站外面的雪那才叫一个大。

出车站之后会看到观光咨询处，那里有中文版的地图和讯息可以免费拿来看，上面有画上所有小樽景点的路线还有方位，基本上拿着地图就可以了游玩。小樽不大，走到运河也不远，10—15分钟路程吧。好吧，原来的计划是来看小樽运河，结果我们来小樽真正看到的就是雪，大雪，大大雪，很大的雪，还有堆得很高很高的雪。

吃·雪·玩

可能因为大雪的缘故，路上几乎没有行人，车也不多。路中央的雪已

看着这像棉花团一样从空中砸下来的雪，我心里既兴奋又害怕。

经堆到路灯四分之一的高度，路边的雪几乎把树干都淹没了，干枯的树枝上挂着大大的雪团，因为北海道的雪都是棉花雪，很轻很软，所以不会把树枝压弯，只会乖乖地停在树上，形成一个个小雪团，像棉花糖一样。我的身高165cm，站在树下的雪堆前面就差不多高，有的地方的雪堆甚至比我还要高一点，站在前面完全看不到路。

有人在雪地里堆了雪人，可能因为已经堆了有一阵子，雪人的手上都积了一层新雪。还有人用雪堆了一个火车头的造型，还挺像模像样的呢。

走在雪地上的每一步都会给平整的雪面留下痕迹，每一步都会陷进雪里，拔出来，再陷进雪里。就这样，我给小樽的冬天留下了一串脚印。我在这里到此一游了，真好。

在走去小樽运河的路上看到一家卖海鲜的店，刚好我们在雪里走得很冷，就进去蹭蹭暖气。在日本都是这样，走冷了看到周边有便利店或者商店总会进去蹭蹭暖气，给身体充完电再出来。我们晃了一圈，看到里面的海鲜都很新鲜，长脚蟹、鱼类、贝类，有些可以即点即吃，像刺身烤贝类什么的很多。有人在店里点了一份贝类，老板就当场在水箱里捞起最新鲜的，直接放在火炉上面烤，烤熟了不用加调味料，就吃原汁原味的。

没有一点点防备，你就这样出现在我的生命里

晃了一圈，蹭完暖气，体温恢复了，我们就出门继续往前走。突然看到一条河和一些仓库的样子，也没有招牌和箭头标明这里是什么。

由于运河和路面有一个高度差，有点像堤坝，运河是下陷的，所以运河边上的雪积得更深，每走一步都要费点力才能把雪靴拔出来，再继续下一步，然后再继续拔雪靴。

趁着那么大的雪，当然要做一件我一直想做的事——躺在雪上画雪天使。小樽的雪非常干净，走过的痕迹不多。我找了一堆看起来比较可靠、比较厚的雪，安排好躺下的位置，闭上眼，往后一倒，后背传来一股软糯的感觉，耳边传来雪被压住发出的咔嚓咔嚓的声音。再睁开眼，眼前一片

蓝天，还有白色的云朵。

怪不得韩剧里都喜欢在雪地里躺着画天使，浪漫到骨子里。

我们继续一步一个脚印，一路踩着雪走到小樽运河的桥上，终于看到这个每个来过小樽的人的相机里都会有的场景。

我也终于了解，很多地方用眼睛看到的永远比照片要好看十倍。

当天小樽的温度是 -2.1 ℃，仓库的屋檐边上吊着一条条的冰锥，运河表面漂着一层薄冰。打开相机发现镜头都已经被冷成了蓝色，所以我们那天用相机拍出来的照片都像加了一层蓝色的滤镜一样。

在小樽运河等天黑的时候正好遇到一群台湾的年轻人，有一个男生直接当场向自己的女朋友求婚，女生的脸刷的一下子就变红了，羞涩地低下

头，微微点头。旁边起哄的朋友一下子就炸了锅，叫得更加大声，男生见女生答应了，一把把女生抱着举起来。就连我们这些在旁边看着的人都能感受到满满的幸福。

去小樽的时间不用安排得太早，最好挑下午快天黑但还没有完全天黑的时候去，这样过不多久就天黑了。哈哈，是不是很有技术含量，因为这个时候可以一次性看到小樽运河的白天和晚上，就在这短短的20分钟里面，小樽运河就会变一个样子。白天的小樽运河更温柔，更安静。夜幕降临，运河瞬间就变得妩媚，衬着岸边的路灯，灯光在水面倒映出温暖的橙黄色纹路，由深变浅，最终消失。这时候的天空还带着一点余光，没有完全变黑。

入夜之后，小樽的天气更冷了，雪虽然小了一点，但是还是没有停下来的意思。路上的积雪也比我们刚来的时候要高了许多，估计那个刚刚还比我矮的雪堆现在已经比我要高出不少了。拍完小樽的夜景，我们就原路返回小樽车站坐车回札幌了。

一路返回，入夜后的小樽相比起白天的小樽要来得更加宁静。出发前我还担心这里会像其他旅游景点一样，旅游大巴一辆接着一辆的来，挤满了戴着帽子或者胸口贴着同样贴纸的到此一游团友们，还有挥着旗子的导游和扩音器，到处嘈杂得待不下去。相反的，这里很安静，很舒服，光是走走看看踩踩雪都会觉得很有意思。当然，还可以在雪上躺躺。

札幌拉面共和国

经过45分钟的车程，我们又回到札幌市区了。JR车站直接连着地下的一条美食街，虽然中午吃的长脚蟹满汉全席还没消化完，但是因为怕大半夜饿了，又不能不吃，就本着半散步半觅食的念头去逛逛日本的美食街和超市。

真的挺推荐日本的超市，种类很多价钱便宜，包装也很好。天妇罗、寿司、甜品、饭团，应有尽有。有很多本地人会在晚上快关门前一个小时到超市买打折的货品。

逛了一圈只买了一盒草莓，我们还是想吃点热的，既然到了札幌还是到拉面共

和国打个卡吧，看看是不是真的像传说中的那样好吃。

拉面共和国在 ESTA 大楼的 10 楼，装潢非常有特色，古色古香的感觉，还挂着万国旗。这里有点像一个美食小区，七拐八拐的，一个个拉面店的门口就在路边的转弯角。为什么拉面共和国名气那么大呢，据说，这里是由 8 家来自北海道各地的传统拉面店组成的，听说他们每个月都会有评选，优胜劣汰。所以每家都会很积极地招揽客人，听他们的吆喝很有日本特色，就像北京的毛肚、炒肝、炸酱面式吆喝。日本这个做宣传那么厉害的国家，拉面的宣传工作也不逊色，每一家拉面店的门口都放着各种写着一级棒、第一名的广告牌，真的会让人以为他们家的拉面是全宇宙最好吃的，照片看着也让人很有食欲。有选择困难症的到这里应该会纠结很久。

逛了好多圈之后，我们最后挑了旭川拉面店，正好为明天去旭川先打个预告。

而且因为这里有辣的拉面，吃了很多天的日料，都太忠于原味了。虽然我是广州人，但是骨子里热爱川菜，吃了那么多天清淡的，稍稍吃点辣的可以醒醒胃，而且大冷天吃辣的是一大享受啊。

点了一碗地狱拉面，还是味噌的汤头，只是在那个基础上加了点辣味。鸡蛋面很筋道，配料还是经典的溏心鸡蛋，很大的两片叉烧肉，可以满足肉食者们的需求。同样的，札幌拉面的汤普遍会比较咸，对那些口味比较清淡的人来说，这碗面应该会有点重口味。

回到酒店后，拿出超市买的草莓当饭后甜点。日本的草莓不能轻易吃，因为一吃就会上瘾！一盒草莓在超市卖大概 40 元人民币，没有一丁点酸味，整一个就是甜，而且颜色是超级漂亮的红色，一点白色都没有。以至于我在日本几乎每天一盒草莓。

艺术家笔下的小樽运河。

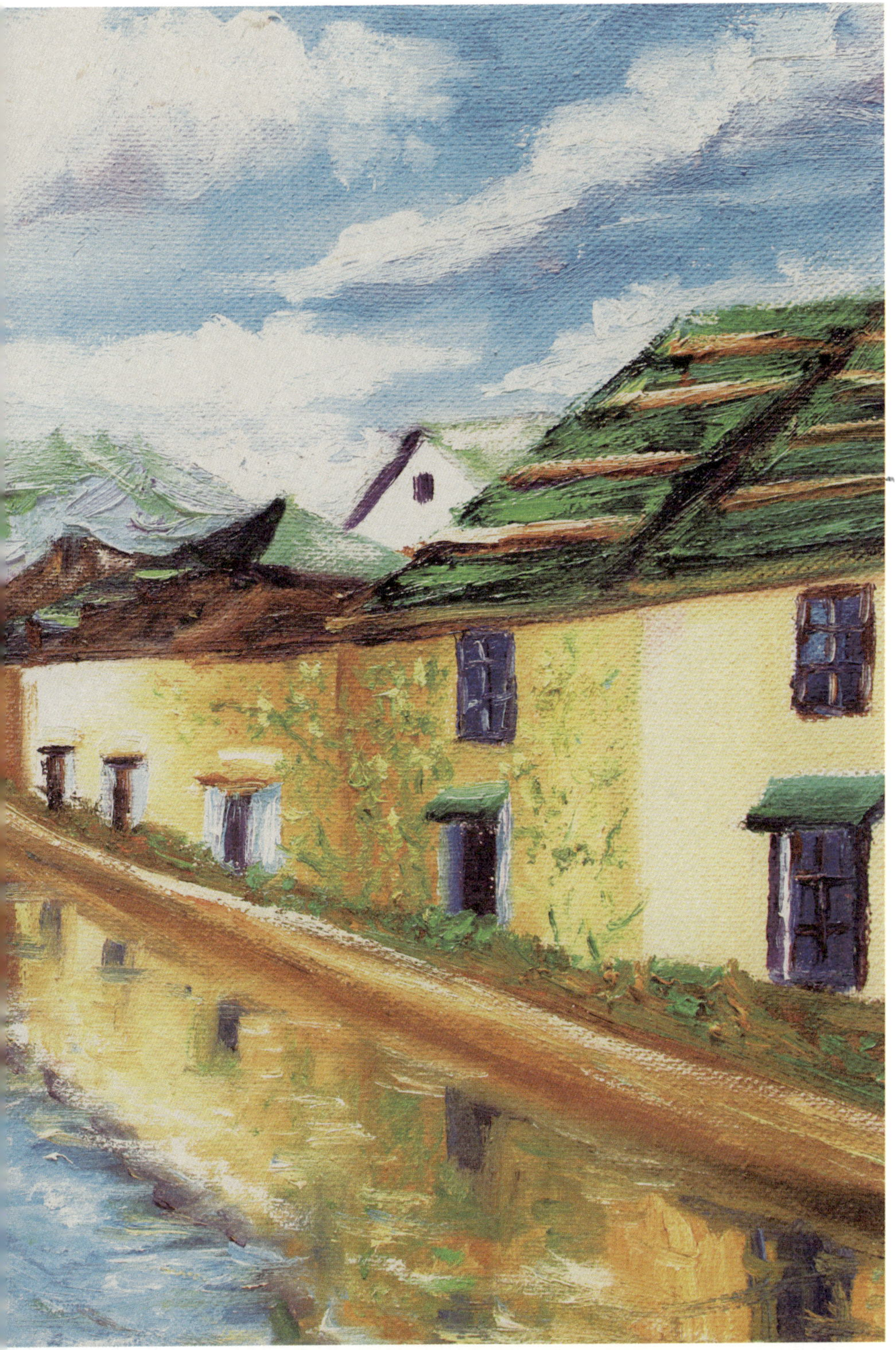

同样是动物园，
为何旭川可以那么美

来北海道的其中一个原因就是要去旭川，而去旭川除了想去看看日本纬度最高、最北的动物园之外，还有一个原因是每天只有两趟的旭山动物园号。

旭山动物园号列车只有早上从札幌到旭川和下午旭川回札幌两趟车，如果错过了就要再等一天。前一天在JR车站订票的时候被告知早上从札幌出发去旭川的动物园号已经全部订满了，我们就只好订了下午从旭川回札幌的那趟车（去的时候坐的JR特急）。车其实是一样的，如果实在买不上早上的车可以考虑改变出行时间坐下午的。要注意的是，一定一定一定要提前预订旭川动物园号，而且动物园号没有自由座，都是预订座，拿着JR Pass直接上车是不行的。一定要提前预订，一定要提前预订，一定要提前预订。重要的事情说三遍。

旭山动物园冬季的开园时间是10:30—15:30。游览时间大概是2—3个小时左右，千万不要去晚了。里面除了动物之外，景色也美得醉人，很值得慢慢逛。

旭川位于北海道的中部，就是普遍说的道中，也是我们这一趟日本之旅去的最北的地方。从札幌JR站出发，经过一个半小时的车程，我们到达旭川站，再在车站门口换乘接驳车，经过了30分钟，我们终于到达旭川动物园门口。

下车之后就能看到动物园的入口，一张动物园的成人门票是820日元，学生票好像是有优惠的，但是必须是日本本国的学生。此外，旭川本地人的优惠更多。

一进门有小吃店，可以先吃点东西暖暖身子，再去看看那些可爱的动物们。我们买了个红豆年糕汤，日本的年糕很好吃，不是韩国年糕那种硬硬糯糯的口感，日本的年糕有点像我们说的糍粑，我小时候看的日本动画片里面，经常有出去野炊或者烧烤的时候，把年糕插在竹签子上烤着吃的场景，年糕被火一烤就会变成焦黄色，鼓起来成一个小球的样子，咬一口能拉丝。除了烤着吃，用汤煮着也很好吃，软软糯糯的，作为一个主食控，表示那个味道一吃就会上瘾。本来我们还打算走之前买几包回国自己煮着吃的，最后带去的两个行李箱全部塞满，都装不完我们的东西，在日本再一个箱子才能把所有东西带回来，就没顾上买年糕这回事。哈哈，不好意思，我又说了一遍。

妈妈问我为什么要跑那么远来动物园，动物园不是都差不多嘛。我说这里有北极熊和企鹅散步，我最想看的就是它们。但是到了旭川才知道，应该在前面所有必须来旭川的理由后面再加一个，那就是，旭川的雪景美得让人窒息。

这里的动物对比起这里的雪景，都变成了配角。

这里的雪景真的可以用惊艳来形容，让我坐着看一整天都不会无聊。连走路都不敢用太大的力气，担心破坏了这一片美好。要相信照片里看到的不及眼睛看到的十分之一，就算我尽量用后期效果来还原当初看到的雪景，但还是无能为力，

那里的美丽真的只能亲自去看才能体会得到。

初见旭山动物园

进门的第一个馆就是海豹馆。这里的海豹都是胖胖的、圆圆的，但是非常灵活，在水里闭上眼旋转跳跃都不是问题。在海豹馆中间还有一个水柱，海豹经常会到这里来，从上面游到下面，像耍杂技一样。站在水柱旁边就会觉得海豹就在面前游，那个圆滚滚的身子一摆一摆的，再被玻璃放大一下，就会有一种想伸手抱住它的冲动。

沿着海豹馆的楼梯往上走，就能走到池子的上方，在这可以俯瞰海豹在池子里游泳。另一个角度看的感觉又会不一样。

从海豹馆出来往上走一点就能看

到旭山动物园的大明星之一，北极熊。

从北极熊馆的入口一进去就是一面很大的玻璃墙，一只很大很大的北极熊在玻璃墙的那头转着圈圈，在雪地上画着8字在走。有很多小朋友一进来就兴奋地大叫，指着北极熊，叫爸爸妈妈也看这个庞然大物。北极熊就一直在里面走来走去，也不见它停下休息下。

在北极熊馆看北极熊有几个角度，首先是平行着看，也就是这一面玻璃墙。

第二个观看的地方是在楼上，有一个小洞，洞口标明150cm以上的人才能看到。钻进去之后发现这个象是一个玻璃罩子，直接通到北极熊旁边，这样就可以直接看到北极熊在眼前走来走去。但是我们去的那天玻璃罩子上面都是雪花，只能看到一点点北极熊的脚趾。

第三个是俯瞰。这里没有玻璃墙，北极熊和人站的地方隔了一道距离，从上面看就能看到北极熊的路线图，它就一直沿着一个黄色的路绕圈圈，有时候抬头看一看上面的人。饲养员在假山上面走过的话，北极熊会站起来看一眼，或者讨吃的，然后再重新下来，继续沿着路线绕圈圈。

巧遇"干脆面君"

从北极熊馆出去，就看到几只"干脆面"在雪地里打滚。稍等，此干脆面非彼干脆面，它们的学名叫做小浣熊，昵称干脆面。这几只干脆面真的太可爱了，一直在上蹿下跳的。它们通过一座桥一直跑到隔壁的一棵树上面，每次有人经过的时候，不知道它们是有心还是无意，总是会在桥上跑一趟，桥上的雪恰巧都抖落在过路的人身上。看着它们的恶作剧，不知是应该好气还是好笑。

刚好我们经过的时候看到一只小浣熊从桥上下来，沿着楼梯回到雪地里，我拿出手机用微信小视频拍它下楼梯的样子，没想到这只干脆面自带综艺气质，天生的镜头感，走到楼梯最下一级的时候它还很配合地踩空了，直接在雪地里打了个滚，最后还故作镇定地站起来跑走了。拍得好不如拍得巧啊。

沿着雪地一直往上走，就到了雪狼区。好大的一只雪狼就和我隔了一道铁丝网，走在旁边心里都怕怕的。

它们窝在雪里面啃还带着血的骨头，在铁丝网的外面都能听到它们在里面用牙齿摩擦骨头再嚼碎的声音，咔嚓咔嚓的。雪狼的警觉性真的太好，有人轻轻在旁边经过它就会猛然抬头看，眼神犀利得能够把人吓一跳，好像要把人吃掉一样，妈妈还很担心说它们会不会跳出来啊，可见它们距离我们有多近了。

雪狼区的旁边就是圣诞老人的好朋友的家——麋鹿区。我对麋鹿印象最深的就是小时候听故事，说麋鹿会吃一种很特别的草。看到麋鹿就特别有圣诞的感觉，但是它们太高冷了，一直背对着人群的方向，都不看镜头。

一直往前走，看到一个很大很高的笼子，但是里面什么都没有，走近一看才看到一只雪豹坐在笼子的二层眺望远方。笼子的二层是架空的，人可以在下面经过，这个我只在《动物世界》里面看过的动物，如何如何凶

萌萌哒的
"干脆面君"

猛，现在突然就这么出现在我头顶的笼子里坐着，我还能看到它的四个爪子，毛茸茸的，怎么觉得有点萌。雪豹的眼睛长得很漂亮，像画了眼线一样，眼珠亮亮的，很有神，特别是看着远方的时候。

在雪豹的旁边就是老虎区。这里的老虎好像不是东北虎，我也分不清品种。它也是一直在玻璃箱子里面绕圈圈，一直走过来走过去，也不会改道，就一直走同一条路，看来还是挺专一的。如果站的位置好的话，可以

场。而且不是说每天来都能看，要看当天的积雪量，积雪如果不够的话是不会有企鹅散步的，所以这个也是要看运气的。有的人到了才得知当天的企鹅散步取消了，因为当天的积雪量不够，担心企鹅走的时候会打滑，所以只能白跑一趟。来得好不如来得巧啊。

在企鹅散步之前就要提前去散步路线占好位置。下午两点半，预备，开闸放企鹅。

企鹅真的天生就是谐星，走个路都可以把人惹得哈哈大笑。这些原本只能隔着玻璃或者电视机银幕才能看到的小家伙现在就在我眼前不到1米

一直看着一只老虎向你走过来，然后又转身走掉，再转身走过来。在玻璃上面有很多深深的爪印子，估计是有谁把山大王惹火了，所以还是不要轻易逗它，看看就好。

老虎不发威，你以为它是 Hello Kitty 啊。

萌化了的企鹅散步

把旭山动物园转了个遍，最后到了此行的重中之重，这一次来旭山动物园最主要看的就是这个——企鹅散步！

企鹅散步每天只有两场，11:00和 14:30，每年只有 12 月下旬 –3 月中旬才有的看，3 月只有 11:00 的一

啵一个呗！

的地方，伸手就能摸到它们，当然，眼看手勿动。它们圆滚滚的身体下面两只小脚慢悠悠地走，身体还会顺着节奏左右摆动。时不时还会对两边拍照摄影的人产生好奇心，走着走着就开始向人群里面走，然后被饲养员赶回来。有几只把翅膀张得开开的，威风凛凛，走在最前面，中间夹了几只不知道是因为害羞还是旁边的企鹅翅膀张太开，把翅膀夹在圆圆的身体两侧，一摇一摆地跟着企鹅大部队走。

因为我们排在企鹅散步路线的前面一段，企鹅走过去之后大家就都散了。那时已经差不多下午3点了，马上出门排队坐巴士，要到旭川站坐旭山动物园号了。

奇幻列车——旭山动物园号

旭山动物园号是旭山动物园的饲养员阿部弘士先生设计参与绘画的，整个车厢分为5个部分，每节车厢的主题都不一样。车上的座位都套着动物的头像，车厢之间的感应门上的开门标志是一个小爪子，每一个座位后面都有关于动物的小知识，很适合爸爸妈妈带着小朋友来。

因为我们提前上车，放好东西，

身穿燕尾服、昂首阔步前进的西方绅士。

126

做手工的折纸。我拿到的是北极熊的折纸，因为不想破坏掉它的完整性，我就原样保留下来了。

列车开着开着，窗外一片白茫茫，时不时会出现几户人家，山上已经覆盖了一层厚厚的雪，由于纬度高，天气更冷，雪自然下得更大，积雪更厚。列车继续往札幌的方向开着，天空就渐渐变暗了。北海道的夜晚来得特别早。旭川，再见了。

就赶快在人多之前去每一个车厢照相，避开了排队的人潮。每一节车厢都会有一个动物主题的拍照座位，有北极熊、火烈鸟、猪、企鹅。

每一个搭乘旭山动物园号的乘客都可以获得一张乘车证明书，或者是

北海道最后一站
——函馆

在北海道的第四天，我们要离开札幌，出发去北海道的最南端——函馆。

或许你会问，为什么要去函馆？

第一个原因是这里的夜景是世界三大夜景之一——函馆山夜景。第二是因为这里函馆朝市的海鲜丼太吸引人，作为一个资深吃货光是看照片就没办法抗拒了。第三个是因为这里可以看到猴子泡温泉。最后是从札幌直接坐新干线到东京的话要9个小时，不如先在函馆玩一天再出发去东京。

北海道太好了，我还不舍得离开。

从札幌JR站出发，经过3个小时的车程，我们到达函馆站。

可能是因为比较靠近海边，纬度也比较低的原因，函馆的雪开始有点融了，地上都湿湿的。不过也不会像传说中融雪时会那么冷。住的地方离车站近，从车站走路3分钟就到了。我们先出发去放下行李，老板娘用英语跟我们问好，还亲自蹲下帮我们把箱子的轮子和箱子底部擦干净。老板娘70多岁了，身子骨杠杠的，看起来只有50岁，她的老母亲已经90多岁了，看起来脸色还好的不得了。

放好行李休息一下，我们就出发到函馆站旁边的餐厅找我心心念念的海鲜丼。函馆车站旁边就是函馆朝市，由于我们到的时候是中午，很多店家都关门了。有几间餐厅还在营业，门口放着各种海鲜丼仿真模型，看到模型就已经把持不住了。

我们找了一家很多报纸和电视节目都报道过的店，点了一份普通版的海鲜丼，一上来只想说，妈呀这也叫做普通的吗，明明就是豪华版的好吗。一颗颗晶莹剔透的鲑鱼籽铺在米饭上，切的整整齐齐码好在一边的墨鱼刺身，米饭还带着一点温度，配着冷冷的刺身，口感好得想哭。海鲜的味道非常新鲜，还带着海水味，墨鱼刺身甜甜的，很爽口。把鲑鱼籽拌在米饭里面一起吃，咸咸甜甜的味道一下在嘴里化开，太幸福了！

来函馆一定要吃海鲜丼，来函馆一定要吃海鲜丼，来函馆一定要吃海鲜丼。重要的事情说三遍。

猴子泡温泉，各种姿势，各种"销魂"

由于到函馆朝市之前，我们先去 JR 站里面的服务站咨询了乘车路线、车次以及具体的发车时间表，吃完饭刚好到公交车的发车时间，餐厅走到巴士站就5分钟，我们马上出发搭车看猴子去。要看猴子泡温泉的话就坐车到热带植物园，在汤川那边的，从车站出发大概需要 20—30 分钟的车程。

到植物园门口的时候距离闭园时间只剩下不到 1 个小时了，立马跑去买门票。售票的爷爷问我们是哪里人，我说是中国人，爷爷笑着说 Welcome to Japan（欢迎来日本）然后嘱咐了一下快到关门的时间了，要安排好时间。

一进门就能看到一个高高的平台，平台上面就是一个游泳池子。走近之前已经能够闻到动物身上的味道。嗯，那个应该就是猴子泡温泉的地方。走上平台一看，有一个中等大

小的池子，水面飘着白白的蒸汽，弥漫在空气里。

整个水池里面全都是猴子，有大有小，有的在里面互相给对方抓虱子吃，小爪子在另一只猴子的背上翻来翻去，有时候力气大了一点扯疼了就会被打一顿；有的泡在水里抱着个苹果啃着，咬几口不想吃了就扔在水里，游到其他地方玩儿去；还有猴子一个个排好队形，把双手搭在池子边上闭目养神，脸都全部泡得通红，跟猴子屁股一样，看着就有一种莫名的喜感。

水池旁边还有一些猴子的游乐设施，有些猴子泡热了，就走出水池玩单杠爬爬梯子。体力消耗差不多了再回去泡泡。

光是这个猴子泡温泉我就可以看好久。

热带植物园里面其实还有一个温室，里面都是热带和亚热带的植物，在南方这些植物也随处可见，就随便在里面晃了晃。突然发现植物园门口贴着告示，原来我们去的那天刚好是热带植物园 2014 年最后一天开门，过后就放假了，到 2015 年 1 月 1 日才开门。

所以我总是在强调这一趟日本之行到处都是惊喜，试想一下，一旦我们的行程安排晚了一天，就错过了。

世界上就是有那么多那么多的巧合。一旦错过，后会无期。所幸的是冥冥中真的有注定，不然世间怎么会有那么多美好的邂逅。所以我觉得任何的偶遇相识都值得感恩，感恩让我遇见你，这一切都会成为我人生中最最美好的回忆。

世界三大夜景——函馆山夜景

从植物园再乘坐公交车回到函馆站的时候天色已经暗下来了，按照车站员工给我的车次表，我们回到车站的时候刚好可以赶上去函馆山的车。日本人独有的时间观念对于旅游的人来说是很好的，只要拿到时间表，就完全可以根据下一趟车的时间安排出行计划。日本就是强迫症的天堂，专注拯救强迫症十万年。

在车站等了一会儿，去函馆山的车来了，我们就坐上车去函馆山看世界三大夜景之一的函馆山夜景。要上函馆山先要搭公交车到山下的缆车站，然后再购买缆车票排队上山看夜景。缆车单程票660日元，往返票是1200日元。

买完票之后，我们就开始找排队乘坐缆车的队尾。转过售票点，转到一个楼梯，下楼梯，转个弯，再下楼梯。下到楼梯底端还没有结束，队伍一直

沿着墙边绵延了几百米。有很多旅行团的导游还在数人数，先排队再去买票，不失为一个好方法。光是排队搭乘缆车就花了将近半个小时，一路经过我们到后面排队的人不断发出"Oh My God"和"Wow"的惊叹声。

好不容易等到了缆车，我立马跑到窗边看夜景。缆车上升得很慢，一路可以看着函馆山夜景，渐行渐远，整个轮廓也越来越清晰。到达山顶，再继续沿着标志和楼梯指示往楼上走，就看到这个世界三大夜景之一的函馆夜景了。与它齐名的分别是中国的香港和意大利的那不勒斯，住在香港的我对香港的夜景再熟悉不过了，这一回看完函馆的夜景，就只差意大利那不勒斯的夜景了，先攒着，下次去看。

因为函馆是一个港口，夜景的形状也很独特，呈沙漏型。在山顶看，函馆的道路纵横交错，灯火通明，远看就如星星点点，可以很明显看到，比较繁华的地方灯光特别聚集，特别明亮。岸边的灯光倒映在水面的光晕都看得一清二楚，远看就如一个大的光晕在夜色里渲染开，像是不小心在水中滴入的一滴颜料，带着丝丝缕缕渲染开去。

我也是一个很喜欢看夜景的人，因为重庆的夜景被称作小香港，在重庆旅游的时候为了看夜景，查好看夜景的最佳路线，晚上结束白天的行程之后，我一个人坐着轻轨，把重庆夜景的精华部分看了个遍。重庆的夜景也是很美的，特别是洪崖洞，真的有千与千寻的感觉，有机会去重庆的话，一定要去看看，不会后悔的。

上山看夜景的代价就是冬季北海道山顶的狂风和严寒。在山上的每个人都冻得鼻子通红，不断往手心哈气，但是还是不舍得走开，眼睛始终离不开夜景的方向，呼在手心的白色暖气顺着指缝溜走，消失在夜色里。

在山上逗留了将近半个小时，把这个世界三大夜景之一的函馆山夜景从各个角度各个方位看了一遍，就重新排队坐缆车下山找吃的了。到达山下发现人龙并没有减少的趋势，反而停车场的旅游大巴又多了几辆。

这里再说一个小插曲。我们坐车去函馆山的时候，在公交车上坐我们前面一排的两个人一直在聊天。因为去过好几次台湾，已经算是半个台湾通了，很明显能够听出他们是台湾口音，我和妈妈还一路在讨论说他们是台湾人。结果回到民宿准备下楼洗澡的时候发现原来那两个台湾人就住在我们楼下的房间。

旅行的其中一个魅力就是总是会遇到这种那种的惊喜。就像我们在台湾的时候在林东芳牛肉面跟别人搭台吃饭，跟我们搭台的是两个香港人，结果在台北回香港的时候，在香港国际机场的航站楼接驳地铁上发现，那两个人又坐在我们对面。

函馆朝市，好吃得太过分

在函馆的民宿里醒来，也是在北海道的最后一天，由于我们提前在札幌就换上了上午 11 点多的车票出发去东京，看看时间还早，可以在出发之前再逛一次函馆朝市。朝市朝市，就是要在一大早就去逛的嘛。

虽然有很多人说函馆朝市是做游客生意的，价钱会比较贵，就是我们经常说的宰客，但是这里出名一定也

有他的原因，新鲜和好吃也是毋庸置疑的。

首先，我们先来随便吃个早餐吧。

老板，两份豪华版海鲜丼。

不是说笑，吃了函馆的海鲜丼会上瘾的，我回到香港之后不断在找哪里有的吃，而且会一直想要吃日料，但是始终吃不回那个味道。所以要趁着机会多吃几次，过了这个村，不知道还有没有下一个店了。

我点了一份海胆 + 蟹肉 + 蟹腿 + 鲑鱼籽 + 鸡蛋的杂锦丼，饭面上满满地铺满了海鲜，已经看不到下面的米饭，真的是太太太太太满足了！在国内我很少吃海胆，因为吃到不新鲜的就会有一种腥味，但是这里的海胆有

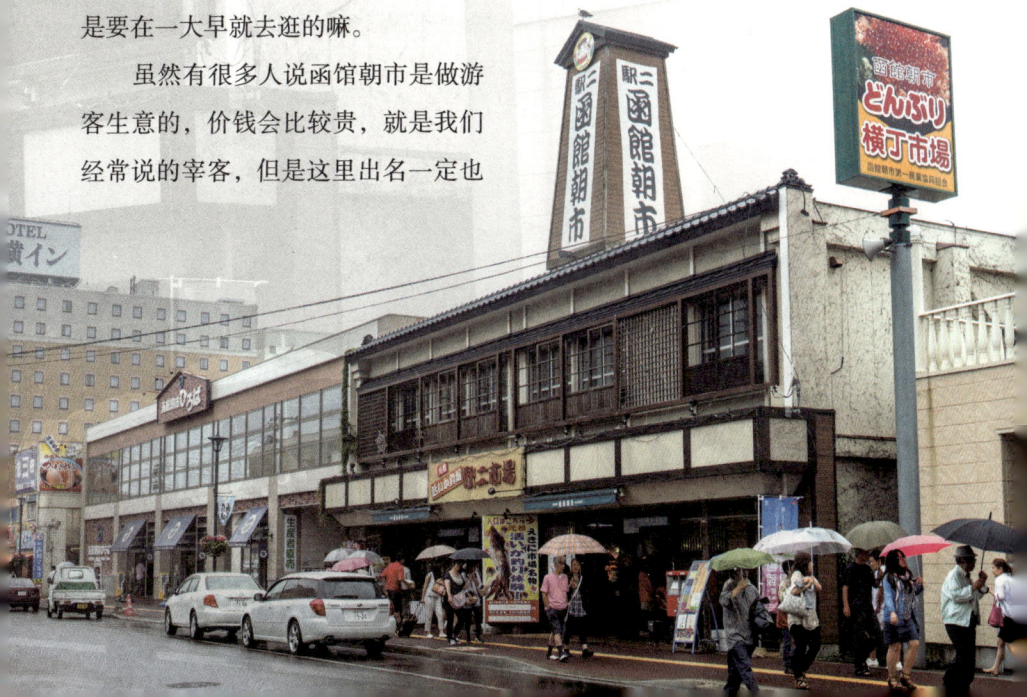

一股很清新的海水味，还带着淡淡的甜味，入口即化。

吃饱了可以直接在旁边逛函馆朝市。就像海鲜市场，有场外和场内，超级干净，地上完全看不到积水。鳞次栉比地分布着各个卖海鲜和海产品的摊位。最为出名的就是场内正中央的钓乌贼区，可以自己拿着鱼竿钓，钓上来之后交给刺身师傅，师傅麻利地给乌贼开膛破肚，还没反应过来，刚刚还在水里游的乌贼瞬间就变成了盘子里摆放整齐的透明乌贼刺身。淋上少许酱油，一口吃下去，还带着海水咸味的乌贼刺身鲜爽弹牙，新鲜的口感让人根本停不下来。

还有直接开壳直接吃的海胆摊位，周围都是已经吃完的黑色带刺的海胆壳。小店没有凳子，顾客全部站着吃，旁边还经常会排着长长的队伍。生吃海胆对我来说腥味太重，但对喜欢海胆刺身的人来说这里就是天堂。另外，在这里还有很多特大只的长脚蟹，看着就特别美味的样子。

在这里会发现很多店家会说中文，有些店还会有中文的介绍牌，因为这里很多中国游客，光是我们在逛的时候就遇到两个中国的旅游团。

"大家看吼，这里就是很出名的函馆朝市啦。"

吃不了，兜着走

来到函馆朝市可以买一些海产品

作为手信带回国送给朋友，场外的小店价钱通常会比场内的便宜一点点，有可能是因为铺租和进场费之类的问题吧，场内的价钱基本都是一样的，可以讲价。老板拿着计算机按价钱，然后觉得不合适可以自己按再问老板的意见。在价钱方面老板基本都会说中文，所以直接交流也是可以的。

在场外还有一个卖水果的摊位，老板长得很帅，扎着头巾在招呼客人。水果都很漂亮很新鲜，一走近我就看到我的最爱，草莓，还有很出名的北海道蜜瓜。

老板看到我们走近，就用中文说"好吃，好吃"，我当然不能放过北海道的草莓和蜜瓜，拿了一盒草莓和两片切好的蜜瓜。老板也一直用他很普通的普通话在跟我们交流，说得最多的就是"好吃！"最后还给我们打了折。

北海道的蜜瓜和国内的蜜瓜很不一样，国内的蜜瓜个头比较大，口感很脆，北海道蜜瓜小小的一个，跟小西瓜一般大，淡绿色的表皮，口感很绵密，一口咬下去软软的，用勺子挖着吃的口感很像吃冰淇淋，水分很多，很甜。

逛完函馆朝市，眼看着新干线出发的时间快到了，我们回到民宿取回行李，跟老板娘和打扫卫生的阿姨们道别。老板娘急匆匆地跟我说"Wait a moment！（等一下！）"，然后急忙跑进厨房，再跑出来的时候手上多了两罐 GEORGIA Emerald Mountain Blend 咖啡，她笑着硬塞在我的手里，让我们在路上慢慢喝。那一刻我快感动得哭出来了，因为她的年纪跟我外婆差不多，我多希望会说日语，能跟她多说会儿话。我们拉着行李一路走，老板娘和阿姨们就站在民宿门口一路目送我们走到街头转角处才回到屋里。

北海道太温暖了，我真的舍不得离开。

PART4

东京，
Hello T-o-k-y-o！

东京，
日本的心脏，
政治的中心，
商业和经济的先驱，
也是潮流的风向标。
而对于我，
东京是凌晨热闹的筑地市场，
虔诚低调的浅草寺，
还有入夜后灯火通明的街道。

给 80 多岁的大爷一百个赞

从函馆出发，要乘坐 6 个小时的新干线才能到达东京。中间需要在新青森转车。

到达新青森我们只有大概 15 分钟的时间转车。车一停稳我们就拉着两个大箱子跑到另一个站台。原本以为时间会很紧张，但是因为日本人强迫到骨子里的时间观念，车的到站时间几乎不会出错，而且到站发现换车的站台就在旁边，15 分钟换车绰绰有余。中途我还买了站台的海鲜便当做午餐，手掌大的帆立贝鲜甜到不行。

由于我们的票是靠近走廊的，行李架只能放得下一个大箱子，另一个大箱子只能放在座位前面，而这样就会挡住里面的人进出。我们上车的时候最里面的座位是空着的，就打算先直接坐进去，等拿着靠窗座位车票的人上车了再跟他解释情况。如果他不允许，我们再把座位还给他。

到了下一个站，有一位老人家上来，走到我们的座位前，看着我们也没说话。因为是老人家，我担心他听不懂英语，而我日语无能，就放慢语调很抱歉地对他说 "Sorry，can we change the seat with you？ Because of the suitcase is too large……（不好意思，我们可以跟您换一下座位吗？因为这个行李箱实在是太大了……）"再配着肢体语言希望他能够理解我说的是什么意思。老人家看着我先停了几秒钟，然后笑着说 "of course！"（当然可以！）

这位老人家就是我在日本见到的第二个英文讲得很好的人。他是一位80岁的老人家，英语纯正得我都被吓了一跳，后来跟他聊了一路，也知道他英语好的原因。其实如果可以的话，跟老人家聊天会很有收获，他们身上有一种气质，儒雅、有礼貌、很干净的感觉。

坐好之后老人家主动问我怎么会说英语，是从哪里来的。

我说我从中国来，带着妈妈来日本旅游。因为实在太好奇了，我很冒昧地问了一句，"I'm sorry.I am wondering why your English is so fluent?"（不好意思我想请问，为什么您的英语会说

的那么流利？）

老人家笑了一下，就开始给我讲他年轻时候的故事了。

他说他以前是做翻译的，日语和英语的翻译，很久之前在政府机构工作过一段很长的时间，专门负责接待外国来宾，然后当他们的翻译，所以英语说得好，一直工作到60岁才退休，但也是20年前的事了。说到这里我又被他吓了一跳，这么一算，这位老人家已经80岁了，看上去只有60多

岁的样子，红光满面，说起话来中气十足的，而且因为刚刚一直在寻找座位的主人，看着他走过来的时候，腰杆挺得笔直，穿着灰黑色的呢子大衣，笔挺干练，完全看不出来已经是一位80多岁的老人。

我说您已经退休20年，英语还能说得那么好真的很难得。而且您看起来完全不像80多岁的样子啊，我还以为您60多岁呢！我还把他的年龄告诉妈妈，她也被吓了一跳，马上对着老人家竖起大拇指，老人家估计是被我们的反应逗乐了，哈哈哈地笑

个不停。

老人家接着问我对日本的印象，我说日本真的很好，很注重细节，所有交通工具都很准时，这一点是最让我惊讶的，也是我最喜欢的一点。老人家告诉我，他在日本那么多年，基本上列车都是到点就到，到点就走，几乎没有误点，除非遇上很恶劣的天气或者很突发的情况。

我问他对中国有什么印象，他说中国现在也越变越好了，越来越强大，说不定很快就会成为世界第一大国了。他年轻的时候去过北京，很喜欢中国的历史，希望有机会再去看看现在的中国。

一路上，老人家一直很热情地给我介绍日本哪里好玩，什么东西最地道最好吃，还有一定不能错过的东西。一直到他在仙台下车的时候，他一边准备下车一边笑着对我说"Have a nice trip in Japan and hope I can see you again~"（在日本玩得开心，还有，希望我们有机会还能再见～）

老爷爷我也希望能够再见到您，您一定要健康长寿！

这一趟漫长的旅途因为遇上这位和蔼可亲的日本老人，而增添了许多乐趣。

下午 4 点多，我们的列车终于到达东京车站！Tokyo！我们来了！

早就听说东京的地铁线变态的连当地人都不一定搞得清，各种换线，各种纵横交错，像蜘蛛网一样分布在这个城市的各个角落，所以在车上我就把路线先看了几遍，虽然以为准备得足够了，但是出站看到地铁线路图的那一瞬间，我还是不自主地张大了嘴，这个地铁线路，真的不是盖的。幸好日本每个车站都有方便行人的旅客咨询处，一下车直冲那里就绝对不会错。

很神奇的是，当我询问酒店路线的时候，工作人员先跟我确认酒店的名字，然后直接从一个很大的文件夹里面拿出我要去的酒店的路线图，周边的车站啊什么的全部都有。所以就此推断，东京市内每一个酒店都可以在这里找到对应的专属地图。

HELLO, TOKYO

不得不佩服日本人真的总是会比别人想得多一点。

工作人员跟我介绍说要怎么坐车、坐哪一条地铁线、到哪个站出站、之后向左走还是向右走、怎么走、要走多久，解释的清晰程度让我都不忍怀疑她是不是就住在附近了。咨询结束后，她问我："I'm sorry.Can you tell me where are you from?"（不好意思，可以告诉我您从哪里来吗？）我笑着对她说：中国，她笑着回我说："Welcome to Tokyo~!"（欢迎来东京~！）

虽然已经是我们在日本的第 7 天了，行程已经过半，但是听到还是会觉得很开心。妈妈，整个日本都在欢迎我们呢。

我们住的酒店就在银座附近，放好东西后就走路去看看那个传说中奢华的银座。不出所料，一条街望过去全部都是大牌的旗舰店，左边是 LV 大楼，右边是 Gucci 大楼。一整个高端大气上档次。

不得不说，东京真的太好逛，霓虹灯装点了两旁的街道，整个东京都在夜色里闪闪发光。怪不得那么多人来东京血拼扫货。我们逛一个服装店都逛了将近 3 个小时，买买买买了一大堆，结账才是国内价格的一半左右，真的是一个逼着人破产的地方。

你看过凌晨的筑地市场吗？

预订这间酒店的原因不仅是因为离银座近，还因为它离筑地很近，走路 10 分钟就可以到，就不用考虑一大早我们要提前多久起床用什么交通工具去筑地市场。

这天凌晨 4 点我们就起床，洗漱好，带好一整天需要的东西，5 点出发。先在酒店楼下拿一杯免费提供的咖啡，在前台问好路线，就披着东京凌晨的夜色出发，去看看这个全世界最大的渔市场。

冬季凌晨的东京气温很低，天还是黑的，路上没有人，也没有车，交通灯在静寂的街道上由绿变红，再由红转绿。自动售卖机孤零零地站在街边，高高的路灯在街道上射下一圈光晕。

渐渐地，从旁边的街口走进来一些人，在下一个街口又走出来一些人，渐渐地人越来越多，最后都挤在筑地市场的路口。那个时候天还是黑的，但市场门口已经挤了很多很多的人，谁叫这里是名副其实的世界上最热闹的渔市场。

走进筑地市场才发现我们来得并不算早。场外市场的拉面店门口早已排起人龙，路上也是熙熙攘攘的，店里的员工开始把逐渐加长的人龙分段再盘起来。

所谓的盘起来是我在日本看到的一种很特别也很好的排队方式，就是把队伍隔开两段，店门口折几圈，后面的就排在人行道的对面，那边再折

几圈，这样就不会影响到交通，也不会影响到其他店铺的经营，而在队伍的尾巴有人举着有本店标志的旗子，示意新来的人从这里排起。连排队的方式都那么人性化，日本的细节真的让人心服口服。

筑地市场最出名的是金枪鱼拍卖，据说现在要在凌晨3点前去排队才有机会入场看到，而且好像已经规定每次只能有100人入场，不允许拍照或录影。实在感兴趣的话，最好尽早去排队。

在一家很出名的玉子烧门口排起了长长的人龙，大概排了20分钟，才轮到我们。因为我背着相机，还没开口，工作人员就先问我需不需要让

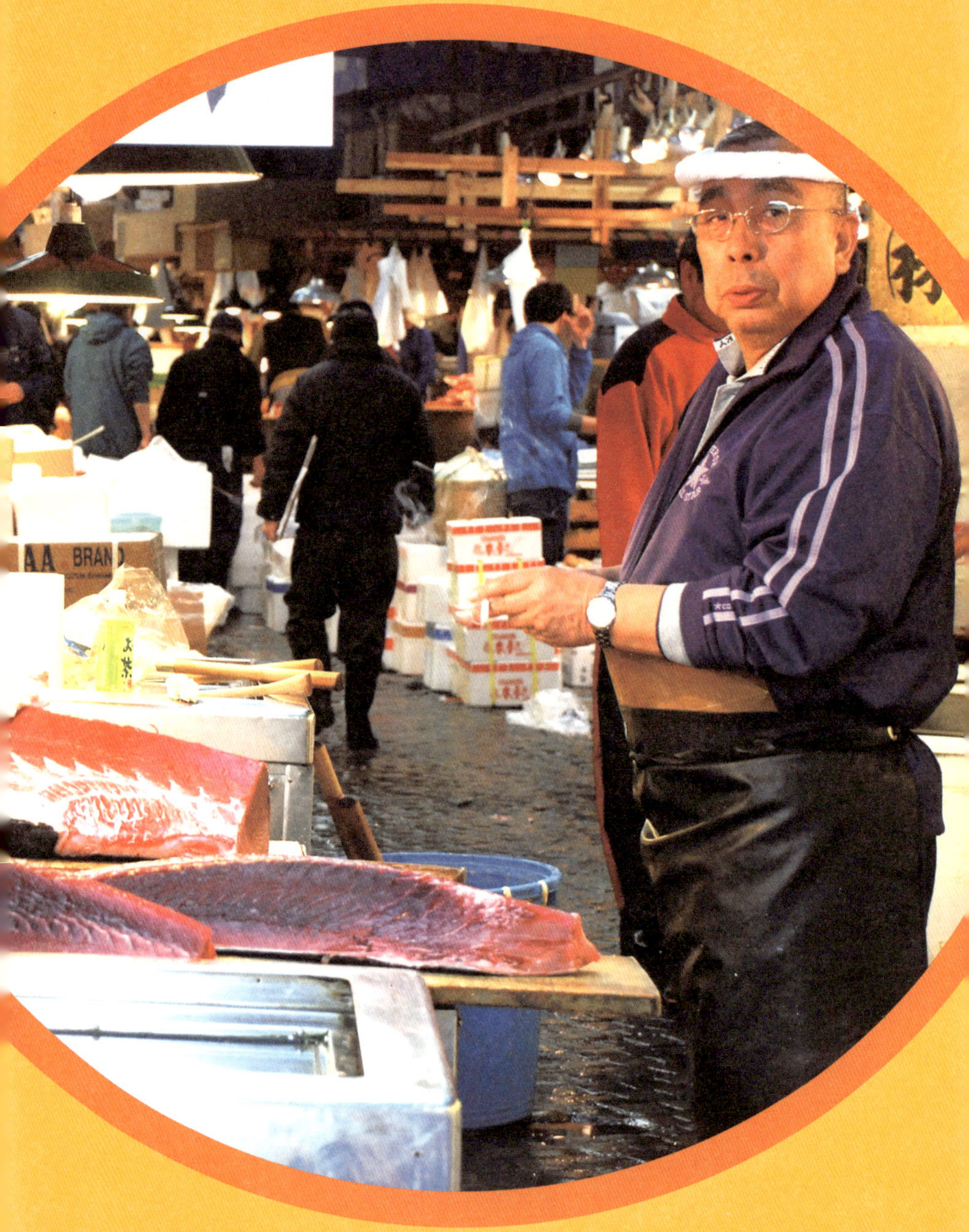

人翻译，说中文还是英文，然后找来一个会说中文的店员给我介绍每种的配料什么的。

还有一家卖饭团的小店，我们足足排了将近半个小时的队，买东西的很多都是当地人，拿着单子来几十个几十个地买的，有很多是熟客，一路跟老板聊天，一路等自己的饭团，还有帮着家里出来买早饭的、穿着校服的学生。老板也不会说多人排队就加快速度，一直匀速地接待客人：拿饭团、算钱、收钱、装袋，大家也都是乖乖地排队不会抱怨。

筑地市场就是日本社会的一个缩影。一切安排得井井有条，不会打扰到别人，也不会因为要追求速度而忽略很多细节，不会因为人多就操之过急，一切该怎么做就怎么做。地上没有积水，即使路上人很多也不会出现拥堵的现象。店家的叫卖声在巷子里此起彼伏，在冬季冰冷的空气中显得格外悠扬。

站在路边的纸箱上吃拉面

看了看时间到早上7点了，就到场外市场的面店排队买碗面吃。

这里的店都很小，但是队伍基本上都是曲曲折折排了好几个弯，而且

这里的面店基本上都没有座位，大家都是端着吃，或者放在旁边的纸箱上面吃。

我们选的那间面店看样子是一家人开的，爸爸妈妈和儿子，妈妈负责收钱，爸爸和儿子负责煮面、放肉、舀汤、加葱。每一次只煮7—9碗。在台上把碗排开，儿子给每个碗里都加上高汤，父亲将一团面扔进大锅的水里搅拌烫熟，再用长筷子把一大团面分成七等份或九等份，分别放在每个碗里。放入面团之后，碗里的面汤奇迹般的到达碗口，不多也不少。儿子开始在面上放上叉烧肉、葱丝、笋丝。一碗面就算完成了。排在最前面的人分别领走自己的面，开始围站在路边的纸箱上吃起来。

面汤跟我们前几天吃的都不一样，是淡淡的酱油色，没有味噌汤的味道咸。面的热气在空气中冉冉上升，每个人的脸上也因为吃面的缘故盖上了一层淡淡的水汽。伴着冬日渐渐亮起，吃面发出的簌簌声此起彼伏。别忘了，在日本吃拉面吃得越响表示这家的拉面最好吃。

站在路边的纸箱上吃拉面看着天亮，这才是筑地市场真正的体验方式。

浅草寺岁末祈福

今天是 2014 年的最后一天，特地安排在东京过。起来第一件事就是，换酒店。

因为房源太紧张，预订房间的时候发现东京的房间 99% 都被订完了，所以就不得已要分开订才能保证这几天的住宿问题。所以提醒大家，如果是旺季到日本的话，一定记得要提前预订酒店，不然真的找不到地方住。

所幸的是两间酒店就只隔了 10 分钟的脚程，这也是我在预订完酒店之后打算查路线才发现的，这该有多巧。我们走到 dormy inn 的时候，路边都是银杏树，黄色的叶子，映衬着蓝色的天空，特别爽朗。东京有很多银杏树，在后面也会说到。

　　放好行李，我们就正式开始东京市内一日游。

　　首先，在最后一天当然要到著名的浅草寺来走一趟，祈福来年有好运气，一切顺利。因为是 12 月 31 日，来浅草寺的人非常多，在雷门前面就聚集了好多的人。

　　走过雷门，就是浅草寺商业街。熙熙攘攘的人群，说哪国语言的都有，中文、日语、韩语、英语、法语。这里的小店非常多，都用红色装饰得很喜庆，有卖手工艺品的，有卖传统糯米团团的，有卖饮品的，非常热闹。

　　走过一整条浅草寺商业街终于看到浅草寺的正身了。

　　浅草寺，又名金龙山浅草寺，位

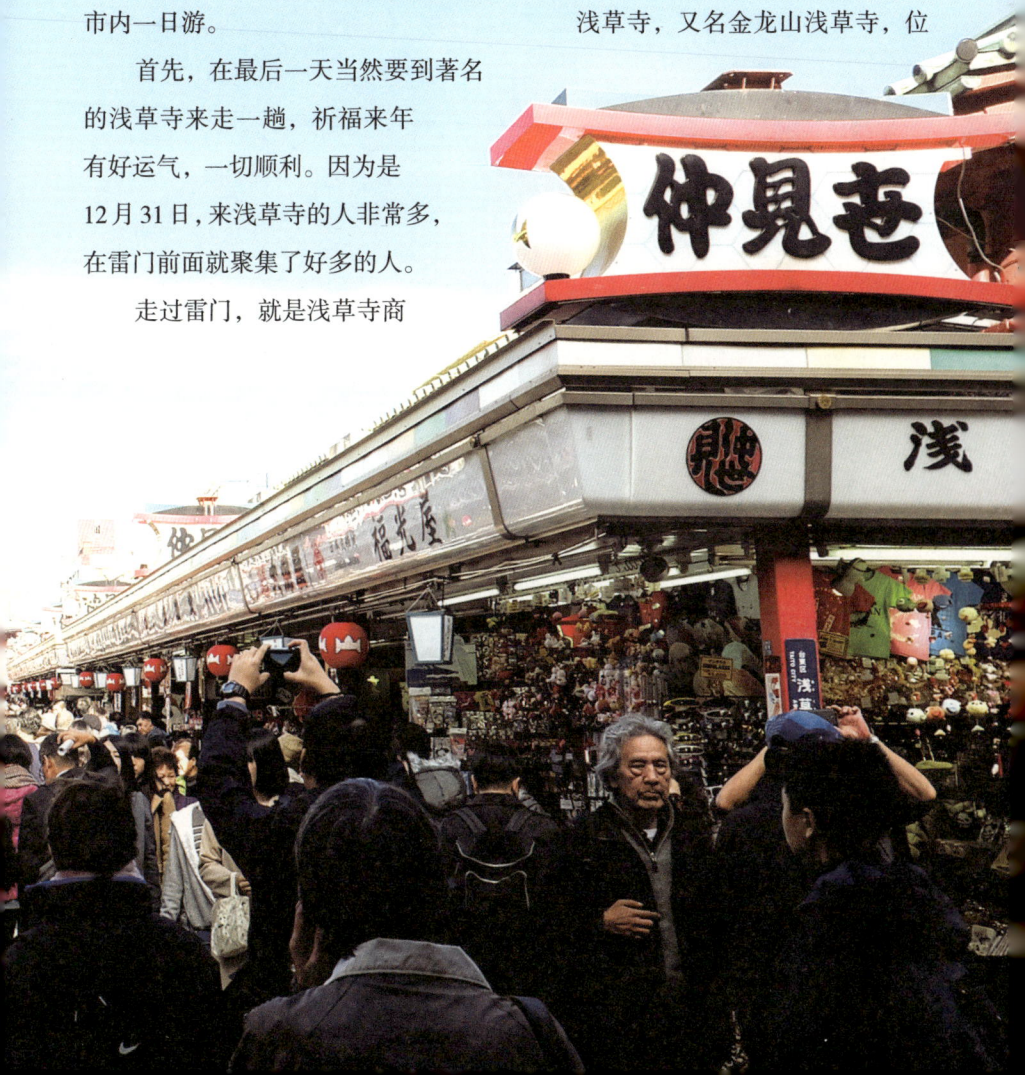

于日本东京都台东区浅草二丁目，是东京都内历史最悠久的寺院。其山号为金龙山，供奉的本尊是圣观音，原属天台宗，于第二次世界大战后独立，成为圣观音宗的总本山。观音菩萨本尊通称为浅草观音。

很多人会来浅草寺抽签，据说很灵。这里抽签的地方在进门 100 米的地方，有很大的竹筒放在桌上，投进去 100 日元的硬币，然后自己摇签筒，摇出来的竹条上面会写着数字，然后按照数字在面前的小抽屉里面拿签文就可以了，最后把竹条放回签筒里面。

签文有英文版的，所以不用担心不会日语看不懂这个问题。

抽到的签文有好有不好，如果抽到不好的也没有关系，在旁边有个小架子，把不好的签文绑在上面不要带走，就等于把不好的东西留下了，寺庙会统一处理的。抽到好的就随身带好就 ok 了，能保佑好运的。

同样根据我的习惯，就没有在浅草寺里面拍照。在浅草寺的大殿里面还可以买到护身符平安符之类的，价钱都不贵，可以买几个放在钱包里，求个心安嘛。

浅草寺里面的银杏树很大，扇形的黄叶散落了一地。很多人来日本看红叶看樱花，我觉得其实看黄叶也很不错。

沿着商业街走出来，不知不觉就

走到了日本的小街小巷里面，这里也是很有日本特色的。所以其实在日本不需要去找那些很出名的有特色的地方，随便走走看看，可能就会发现到一些很出人意料的好地方。

走着走着，我们就走到一家寿司店门口。到日本要多吃点寿司，这里的味道和氛围是在其他地方很难吃到、体会到的。这家寿司店的师傅吆喝得跟唱歌似的。这也是很有日本特色的，如果去逛日本的超市也会发现，他们吆喝招揽客人都很像唱歌一样的，很有意思。

岁岁平安

皇居，是指日本天皇居住的宫殿。由于古代日本没有"定都"的想法，所以皇居的位置经常变更，几乎都是以在位天皇的即位地为国都，并以在位天皇居住之宫殿为皇居。现在的皇居位于东京都千代田区，即原江户幕府历代将军所居住的江户城。

其实如果不是路牌的指示，我完全不知道原来这里就是日本天皇住的地方，旁边就跟普通的公园一模一样，有很多市民在旁边跑步散步。这里也太亲民了吧。在皇居的周边有一条护城河，跟天安门故宫外面的护城河有点相像。

亲民的日本皇居

皇居分成两部分，里面是天皇居住的官邸，外面就是一大片郁郁葱葱的公园，周边都是欧式建筑的银行大楼还有金融中心，坐在树荫下的长椅上，有种坐在纽约中央公园的错觉。灿烂的阳光直射下来，透过树叶间的缝隙，投射到地上形成斑驳的光斑，风拂过，吹动树叶随风摇晃，地上的光斑也开始活跃起来，时而变大时而消失，好不快乐。

依然守候在涉谷站外的忠犬八公

不知道大家有没有看过《忠犬八公》这部电影，如果看过的话就知道我在说的是什么了，如果没有看过的话非常建议大家去看看，十万分推荐的电影。当年一个人在家看，把我哭得稀里哗啦的，给寝室的室友看，第二天每个人的眼睛都肿的跟水蜜桃一样。

这个故事就是真实发生在日本的，而那只狗狗当年就真的是每天都在涉谷站等着他的主人回来，一等就

等了十年，直到离世。

在这里普及一下忠犬八公的故事吧。

1924年，东京帝国大学（现东京大学）农学部教授上野英三郎开始饲养该犬，并取名为"八"。每天八公都会在家门口目送上野教授上班，并且在傍晚的时候到涩谷站去迎接主人下班。1925年5月，上野因病猝然去世，然而八公犬依然每天到涩谷站去等候主人的归来。直到最后死去，一共等了十年。1935年3月，八公因患癌症与丝虫性象皮病而死亡。死后尸体被制作成标本，保存在国立科学博物馆，内脏则保存于东京大学。

要看忠犬八公像的话，就坐地铁到涉谷站，这里有个八公出口，一出去就能看到忠犬八公的像了。

看到这个小可爱的时候，它还是耷拉着一只耳朵，稳稳地坐在地铁站的出口等待着主人的归来。到这里就能知道忠犬八公故事的影响力，拍照需要排队，有各个国家的人都争着和

他拍照。

来到涉谷，当然不只是看看八公像的。涉谷这个鼎鼎大名的东京潮流聚集地，汇聚了新潮的餐厅、酒吧、俱乐部及 Live House，是年轻人文化的发源地，为数众多的百货商场及商店鳞次栉比，总是充满着年轻人的热血与活力，可以说是东京年轻人的潮流风向标。各种时尚品牌、各种 Fast Fashion 都能在这里找到，各种潮牌店分布在涩谷的每条路上，年轻人的穿戴也比其他地方要来得时尚，有自己的个人特色。如果看到你旁边突然出现一个头发染成五颜六色的，穿得和其他人不太一样，或者全身上下都是文身，不要觉得太奇怪，各式混搭在这里完全不显得突兀，反而能够和这里洋溢的青春气息无缝衔接。

第 365 天的东京塔夜景

上东京铁塔看一年最后一天的东京夜景，这就是我为什么要把 12 月 31 日安排在东京的原因。

按照旅游攻略的指示，我们搭乘地铁到达神谷町站，下车走了一段路，突然看到在转角的地方挤着很多人举着相机对着同一个方向在拍照，我们就知道，哦，东京塔到了。在路口转

角的地方就能看到东京塔，这里也是拍摄东京塔全景的绝佳位置。冬天的东京，天黑很早，下午4点天就差不多完全黑了，也就是国内的下午3点，所以我发朋友圈的时候，我的朋友都说怎么天都黑了，国内天还亮得不行呢。

在天空树竣工之前，东京塔一直是东京城市的象征。这座以巴黎埃菲尔铁塔为范本建造的、比巴黎埃菲尔铁塔还

灯光装扮下的道路，如
同一条火龙缠绕在东京市区。

高的铁塔，塔上的灯光照明是由世界著名照明设计师石井干子主持设计的，照明时间为日落到午夜 12 点之间，灯光颜色随季节变化，夏季为白色，春、秋、冬季为橙色。塔的上部装有东京都 7 个电视台、21 个电视中转台和广播台等的无线电发射天线，是整个建筑物的心脏，对外发送无线电波，为 NHK、日本电视网、东京放送、朝日电视、富士电视、十二台等电视台的 7 个频道传送节目。塔上有瞭望台，可以透过玻璃一览整个东京的景色，塔的底部还有远东第一蜡像馆、近代科学馆和电视摄影棚，以及各种特色商铺。

东京塔上面有两个观景台，一个位于 150 米，另一个位于 250 米。这两个地方需要分开购票，到达东京塔下面的售票处只能买到 150 米观景台的门票，如果想要上 250 米观景台的话需要在 150 米平台的售票处另外购票。

到达 150 米平台后，眼前的落地玻璃外面就是东京的夜景。在观景台可以 360° 无死角观看整个东京的夜景，入夜之后，天色变暗，从浅蓝，变成深蓝，再变成墨蓝色，最后化作浓厚的墨色，渲染了整个天空。但是在这里，黑夜并不孤单。街道上公路旁，大厦楼顶的霓虹灯点亮了整座似乎永远不知疲倦的城市，永远活力四射，充满了生机，在夜幕下勾勒出这个城市的轮廓，每条街道、每条桥、每个热闹地带都看得清清楚楚。

最后一晚，谢谢你，东京的夜景，给我们留下了一个美好的回忆。

零点前的"入乡随俗"

根据日本的传统，12 月 31 日被称为"大晦日"，在这一天要吃荞麦面，据说荞麦面条必须在零点前吃完，吃不完的话，第二年就不会有金运。之所以是吃荞麦面，据说是因为荞麦面又细又长，在日本文化里代表着细水长流与健康长寿，人们希望像荞麦面条般活得长久。另外，因为荞麦面条易断，日本人希望将一年的辛苦与烦恼做一了断，不带到新年里。还有一点是希望像荞麦这种植物那样，生命力顽强，不畏贫瘠，不怕风雨。

既然到了日本，我们也来入乡随俗一把，吃一碗荞麦面。

刚好在东京塔附近有一家很小的荞麦面店，看样子应该也是做街坊生意的，我们进去之后发现几乎没有客人，应该都去准备跨年了。店员安排我们在角落里面坐下，可能都是亚裔，她开口就跟我们说日语，我们就大眼瞪小眼看着她，我只好用英语告诉她我们不是日本人。

店员阿姨很可爱地哎呀一声，然后跑进去拿来英文版本的菜单，把日语版本的给拿回去了。

点了一份荞麦面，但是因为我们不懂得最传统的吃法，还闹了个笑话。

一般正宗的日式荞麦面都是用一个方形的盒子装着上的，盒子的底部像篮子一样镂空的，我们不知道，看着托盘里一起上的一碗温泉蛋，一盅酱料，一盘葱，还有一大盒荞麦面慌了神。然后我就觉得应该是把那一盅酱料倒在荞麦面盒里面吃的吧，就开始把酱料倒上去，但是发现酱料一下子就不见了，以为是因为酱料倒得不够，然后就继续倒。这时店员阿姨

经过看到我们往荞麦面盒子里面倒酱料，一下子就冲过来，因为她不会说英语，我们不会听日语，她就把荞麦面盒子举起来，刷的一下在盒子底下流出来一大摊酱汁。我们才知道闯祸了，连忙道歉，拿布把托盘里面的酱料擦掉。阿姨笑了一下，回到厨房，重新拿来一盅酱料，然后告诉我们应该怎么吃才对。

正确的吃法应该是把酱料和葱都倒在温泉蛋的碗里面，搅拌均匀之后就成了蘸料，类似我们平时吃火锅的时候自己 DIY 的各式调料，什么花生酱、干碟油碟之类的。蘸料调好之后，就用筷子把盒子里面的荞麦面夹出一

口，放在蘸料里面蘸一下，然后吃掉就 ok 了。当然如果吃不惯半生熟的鸡蛋，可以让店员帮忙拿一个空碗，光蘸酱料也很好吃。

除了入乡随俗要吃的荞麦面，我还点了一份亲子丼。关于亲子丼，我一直觉得这个是一个很猎奇的东西，听名字完全不知道这个是什么，其实亲子丼的意思就是鸡肉加鸡蛋，或者鱼生加鱼子，就是说妈妈和孩子在一起，这个名字真的是有够猎奇，也挺符合日本重口味的一面。不过亲子丼真的很好吃，不是开玩笑，鸡蛋没有全部打散，蛋黄和蛋白有一部分还是分离的，口感很滑很嫩。包裹在蛋液里面的鸡肉也很好吃，肉质很嫩，不会有那种很柴的口感，而且虽然看上去很清淡，但是味道很鲜甜，日本酱油的味道。鸡蛋和鸡肉的组合，平铺在热腾腾的米饭上面，一勺舀下去，鸡蛋鸡肉米饭还有酱汁，全部精华都在一个勺子里面，吃一口就停不下来的好味道。

吃完饭，我们回到酒店，准备要泡温泉啦啦啦。Dormy Inn 的温泉是包在房费里面的。在外面跑了一天，回来可以舒舒服服地泡个温泉，真的是太享受了。

说起泡温泉，大家都会想到日本，可见日本的温泉文化多么深入人心。日式温泉几乎都是全裸的，分为男汤和女汤，温泉区里面不能拍照。在进入温泉之前，一定要先洗干净，这样一来是为了保持温泉的泉质和卫生，毕竟

是大家一起泡的温泉，如果不先沐浴就下水的话，是一种很不礼貌的行为。二来如果从温度很低的环境下直接进入热腾腾的温泉，对身体有害。所以必须先行沐浴来让身体适应温度。另外进入温泉必须把头发都扎起来，披头散发的泡温泉也是很不礼貌的。入池时可以向周围的人点头示好，不要在温泉区大声喧哗，这样不仅会影响到他人，也是一种失礼的行为。

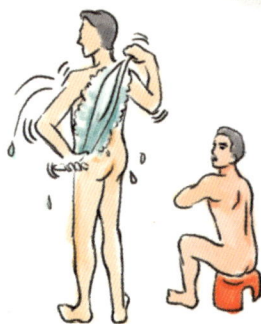

在温泉外面的整理区会提供乳液化妆水什么的，酒店里面提供的全部都是 POLA 的，要知道 POLA 在日本可是贵妇品牌，美白丸抗糖丸一类的保健品都卖断货，我们在酒店用过一次之后，就一直在找他家的洗发水、沐浴露在哪里可以买到，日本酒店的温泉真的是业界良心。

泡完温泉，到了晚上 10 点多，酒店还提供免费的宵夜。平日会提供乌冬面，但是因为那天是 12 月 31 号，酒店就给每个人提供一份荞麦面。不要以为免费的就做得不好哦，一小碗荞麦面里面还配了鸡蛋和鱼饼，泡完温泉吃下一碗热腾腾的汤面，整个人从里到外都暖了。所以这样算下来，我们那天一个人吃了一份半的荞麦面，哈哈，下一年一定会有好运了。

泡完温泉、吃完荞麦面回到房间，刚好过了日本时间的 12 点，也就是国内的 11 点，所以就提前在微信和微博给亲人、朋友送上新年祝福。

PART5

谁能凭爱意要富士山私有

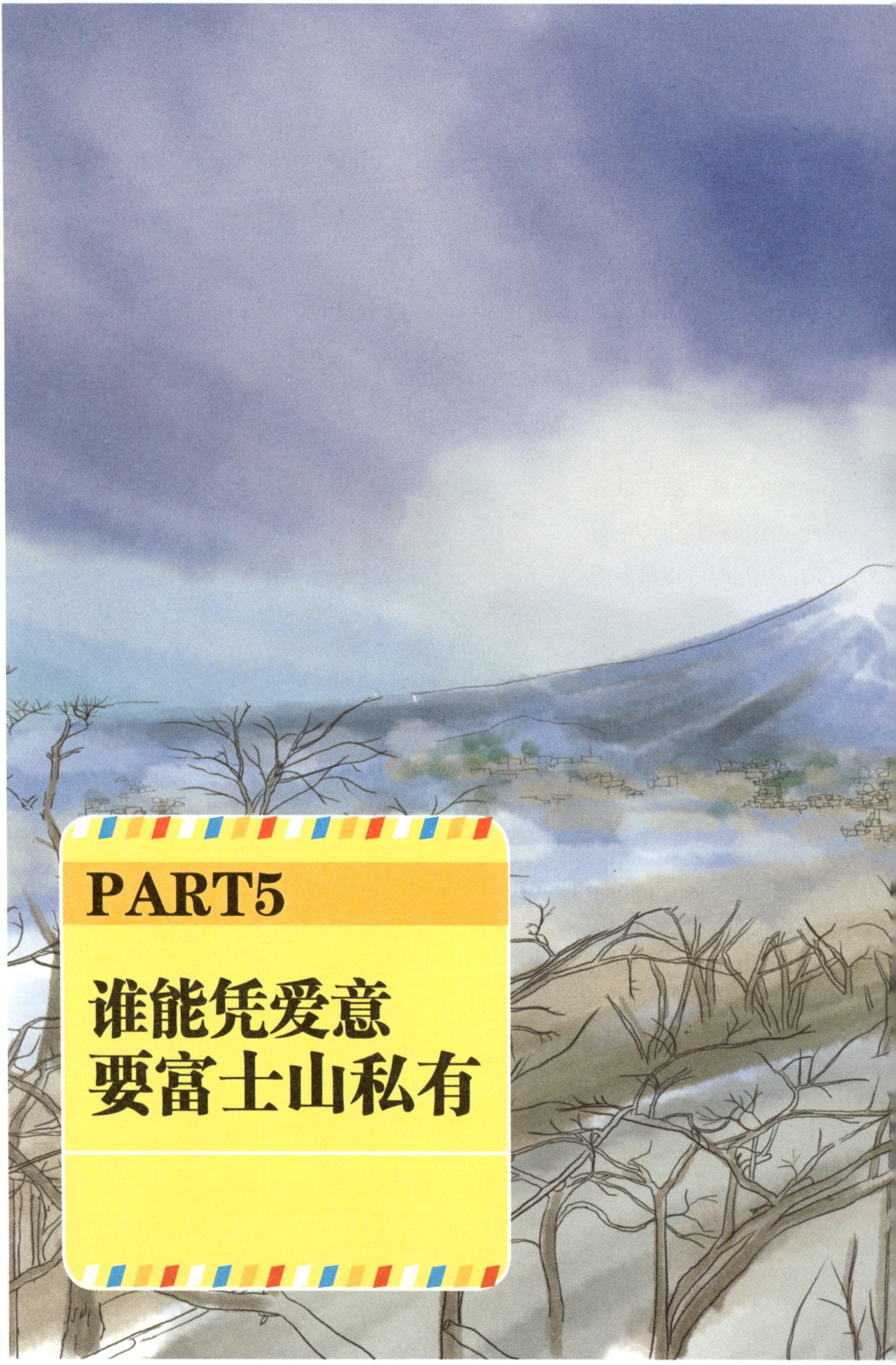

雪如纨素烟如柄,

白扇倒悬东海天。

富士山是日本的象征,

常年白雪皑皑的山峰给这座世界

著名的活火山增添了一丝柔美,

恰似一位温柔的少女,

可远观而不可亵玩。

富士山不是"太好玩"

对于富士山的行程我纠结了非常久，原本打算去箱根住一晚，但是查交通查到头疼，而且满打满算，时间实在塞不下去，就只好取消箱根，但是好不容易到了日本，富士山的行程始终不忍心去掉。来了日本不看富士山，就等于第一次去北京不看故宫，去巴黎不去巴黎铁塔，去纽约不去自由女神像一样的，会是一个很大的遗憾。

研究了好久的路线，做了好几个路线安排，各种交通工具都查了，甚至连火车时刻表都下载下来，一个一个地安排看看哪一个可行，最终都没有找到一个最好的方案。做了那么久的安排，始终觉得自己去富

士山的路线会比较奔波，而且由于景点与景点之间的路程说远不远，说近不近，所以经过各种权衡和比较之后，最后决定在网上报名参加富士山一日游的团，省去了在路上奔波的时间和精力，而且价钱也还算合理，一日游400元人民币，包午餐。由于报的时候是英语团，导游全程说的都是英语，我就充当了妈妈一天的英语翻译。导游是日本名牌大学英语系毕业的，所以英语口音很容易听得懂，一整天下来讲解得也很清晰。

如果到了日本打算报名富士山一日游的话，可以向酒店咨询，酒店会提供相关的旅行社或团队供客人选择。当然因为我是在出发前订好的行程，在国内就已经付款预订了出发日期和人数，就没有在日本当地预订，只是看到酒店前台有相关的资料。

那天早上吃完酱油拉面，从筑地市场离开之后，我们就坐地铁去新宿的集合点，找团队导游集合，准备出发去富士山、忍野八海和白丝瀑布。

在到富士山之前，我还以为一定要在一个特定的点才能看到富士山，结果到了才发现，其实富士山根本就不像我想象当中那样，我们一整天跑的各个景点都可以看到富士山，只是看到的角度和距离不一样而已。

富士山在日语中的意思是"火山"，它海拔3776米，面积为90.76平方公里，屹立于本州中南部，跨静冈、山梨两县，东距东京80公里。是日本国内的最高峰，也是世界上最大的活火山之一，目前处于休眠状态，但地质学家仍然把它列入活火山之类。

这座被日本人奉为"圣岳"的山峰自781年有文字记载以来，共喷发了18次，最后一次喷发是在1707年，此后休眠至今。山顶上的两个火山口形成了两个美丽的火山湖，山麓处还有火山喷发后留下的千姿百态的山洞，有些仍在不断喷气。富岳风穴内的洞壁上则结满了钟乳石似的冰柱，被称为"万年雪"。富士山四周有剑峰、白山岳、久须志岳、大日岳、伊豆岳、成就岳、驹岳和三岳"富士八峰"。富士山有4个主要登山口，分别为富士宫口、须走口、御殿场口、

富士吉田（河口湖）口，其中前3个在静冈县内。坐落在顶峰上的圣庙——久须志神社和浅间神社是富士箱根伊豆国立公园的主要景点，也是游人常到之地。

富士山北麓有富士五湖，从东向西分别为山中湖、河口湖、西湖、精进湖和本栖湖，湖光山色十分宜人。河口湖中所映的富士山倒影，被称作富士山奇景之一。湖东南的忍野村，有涌池、镜池等8个池塘，总称"忍野八海"，与山中湖相通。南麓是一片辽阔的高原牧场，绿草如茵，牛羊成群。一年四季不但自然景色妩媚之至，且还有种种休闲活动的场所。夏季适于露营、游泳、钓鱼等，冬季则是滑雪滑冰的好场所。据说，在山顶的火山湖中沐浴一下，能消灾免祸。从东京都厅观景台眺望，在天气晴好时，可以看到富士山的优美景色。

忍野八海，
名水百选

富士山之行的第一站是忍野八海，这里先科普一下忍野八海是什么吧。

忍野八海是位于山梨县忍野村的涌泉群。富士山的雪水流经地层数十年过滤成清澈的泉水，由8处渗出而形成池塘。其秀丽的田园风光与美丽的富士山合为一体，其情其景，美不胜收，除了被选为名水百选，也被认定为天然纪念物及新富岳百景之一。

忍野八海的"八海"意为8个池塘，8个池塘分别是涌池、浊池、镜池、铫子池、菖蒲池、底拔池、御釜池、以及出口池，全是以富士山自然涌出的清水为水源。这些池水都是降落于富士山高地的积雪与雨水，经过富士山长年累月的过滤后累积在地底

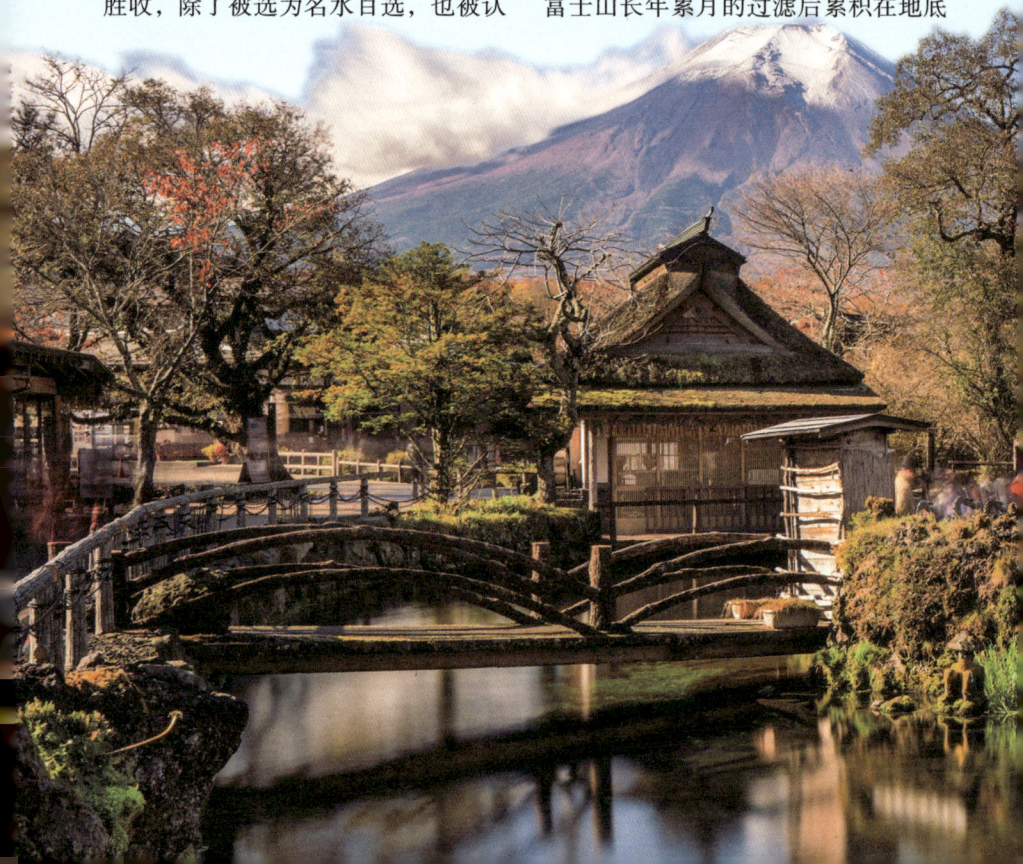

下的水，有的过滤时间甚至超过20年，因此水质清澈剔透，是忍野八海的最大特征。

一进村子就能看到几个大池子，远看不觉得有什么，就是几个池子嘛，有什么好特别的。走近了看才能发现其中的奥妙。这里的水真的是异常地清澈，有几个池子都是6—8米深的，但是还是可以很清晰地看到池底的水草漂动的方向和鱼游动的姿势，甚至连鱼鳞都可以看得一清二楚。

池水是碧蓝色的，阳光透过水面射入水底，还有周边拱桥和人形成的影子，池水分成了交错的浅蓝和深蓝色块。

有人说这里是日本的九寨沟，虽然水底奇观比起九寨沟来说还有一段距离，但是这里有一种日本乡村特有的感觉，很恬静，很舒适。而且在村子里还可以隐约看到富士山。村子不大，半小时就可以绕一个圈，随便闲逛都让人觉得很舒服。

另外忍野八海的豆腐和草饼都是很出名的，在景区里面都有卖，可以买来尝尝看。

五合目是什么意思呢?

富士山由山脚到山顶分为十合，由山脚下出发到半山腰称为五合目，由五合目再往上攀登，便是六合目、七合目，直至山顶的十合目。富士山五合目相当于一个位于半山腰的休闲平台，有一个很大的停车场，有一个很大的餐厅，有多个旅游纪念品的小店，还有一个邮局。

富士山每年7月初至8月底可以供游客和登山者自由攀登，但是每年的9月初至次年6月底，五合目以上区域会封山，所以五合目就是冬季登富士山时离富士山山顶最近的地方了。

半山腰的新名词
——五合目

但是，富士山其实并不是离得越近就越好呢！到达五合目之后，我们发现根本看不到富士山的山顶，那天太阳太大，加上天气太好，富士山山顶的方向正好对着太阳公公灿烂的笑脸，笑容太灿烂以至于完全睁不开眼睛。所以原本要在五合目拍富士山山顶特写的计划取消了，大家就开始在路边的雪地里拍照打雪仗。

如果下次在 7 月份到 8 月份有机会到富士山，而且对登山有兴趣的话，真的可以尝试一下到富士山的山顶看一看，也就是到十合目，景色一定非常壮观。

白丝瀑布的痛：
为何哪都有你富士山

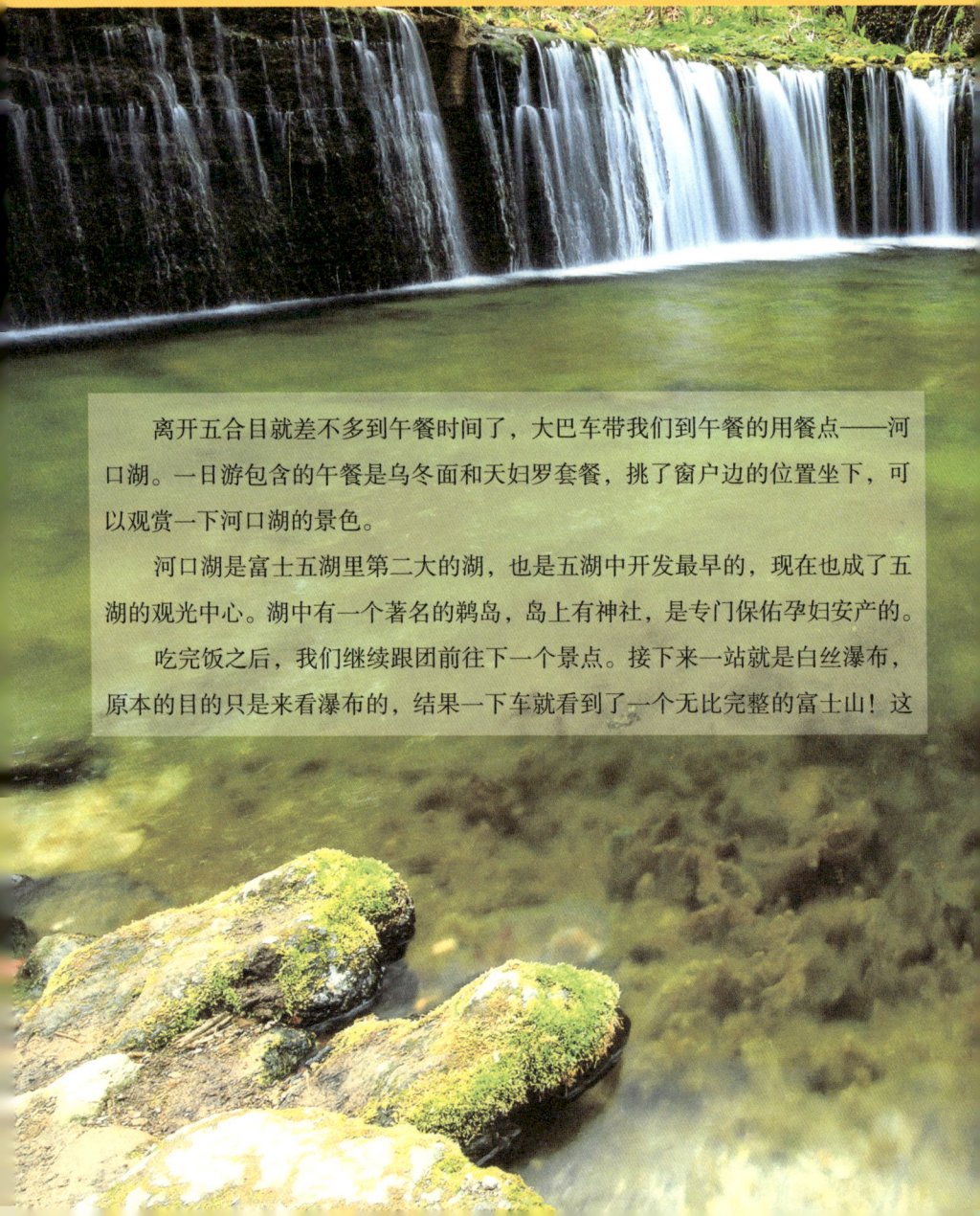

　　离开五合目就差不多到午餐时间了，大巴车带我们到午餐的用餐点——河口湖。一日游包含的午餐是乌冬面和天妇罗套餐，挑了窗户边的位置坐下，可以观赏一下河口湖的景色。

　　河口湖是富士五湖里第二大的湖，也是五湖中开发最早的，现在也成了五湖的观光中心。湖中有一个著名的鹈岛，岛上有神社，是专门保佑孕妇安产的。

　　吃完饭之后，我们继续跟团前往下一个景点。接下来一站就是白丝瀑布，原本的目的只是来看瀑布的，结果一下车就看到了一个无比完整的富士山！这

个以前只能在图片里、电影里和动画片里看到的活火山，没有一点点防备，就这么以完全体的形式出现在我眼前，让我一下子看呆了，都忘记了拍照，呆站在原地静静地看着。

亲眼见到才知道，为什么那么多人为了看她一眼而长途跋涉。山顶上终年不化的白雪给这个冬天平添了一抹沉静。山体的线条好像有人专门用巧手雕刻过一样，每一个弧度都完美得让人惊叹。富士山真的有一种魔力，能够让人心情平静。她真的太美了，美得在她旁边的一切都变成了配角，都只是为了衬托

她的美而存在的。

　　当然不能忘记这里的重点，白丝瀑布。由于那天的天气很好，经过白丝瀑布的时候碰巧偶遇了出现在瀑布上的彩虹。白丝瀑布其实相比起国内的黄果树和九寨沟瀑布并不算大，但是它很像日本，小小的，很安静，不喧哗，就这么远远地藏在山沟里，远看亦可，近看更美。

　　在白丝瀑布附近有卖柿饼和苹果的地方。日本的柿饼与国内的柿饼做法不

一样，我们通常是把柿子平铺，日本是用整个的柿子，把皮削掉，用绳子一个连一个串起来，吊在亭子的四周，像门帘一样。走进亭子就能闻到很香甜的柿子香味。富士山的苹果也超级大，一个手掌的大小，买了一个，用泉水洗干净就可以马上吃了，很清爽的口感，一个人吃一半就会撑得不行。

浅间神社，
富士山的又一绝佳配角

离开白丝瀑布，我们出发去最后一站是浅间神社。

浅间神社建于庆云三年（公元705年），祭奉作为甲斐国八代郡荒仓乡的氏神。大同二年（公元807年）富士山火山喷发，受平城天皇之命，敕使前来本神社，执行了为保国土安泰的富士山镇火祭，如今，作为除灾驱难、家庭圆满、安产育子的神受到了本地人及县外人们的敬仰。到了春天，神社里300株左右的樱花会盛开，游客在远眺富士山的同时也可赏花，大饱眼福。这里还是吉田口登山道的出发点。

走到神社前面，导游教我们如何参拜。

在神社外面有水和木勺用来洗手和洗口，首先左手，再到右手，然后舀起一勺水用手捧着送到嘴里，漱口后吐出来，最后把木勺递给下一个人，就完成了。

然后进到神社里面，首先扔一枚钱币，面值不限，然后"二礼二拍手一礼"，也就是先拜两下，拍两下手，然后许愿，最后再拜一下，就可以了。当然参拜这个是看个人的，拜不拜全凭自己的意愿，如果有忌讳的话可以就进去看看。

浅间神社对我来说最吸引的并不是神社的历史，而是远处的富士山。这里也是观赏富士山全景的绝佳地点，而且从这里看过去的富士山跟在白丝瀑布看到的又不一样了。从神社的角度看过去可以同时看到鸟居和远处的富士山。高大的红色鸟居，搭配着远处顶着白雪的富士山，还有周边矮矮的平房，瞬间让人的心都安静了。

PART6

京都，
让我彻底沦陷

一排排低矮的町屋，
穿着和服走在巷子里的日本少女，
坑洼不平的石板路。
走在京都，有一种一不小心走入
任意门，穿越回古代的感觉。
这里，是日本人心头的朱砂痣。
这里，有一种沉默的魅力。

京都被我许来了
61 年一遇的大雪

起床收拾好行李，我们先在酒店吃了个超级丰盛的早餐，美好的一天从美好的早餐开始。

等到酒店免费接驳巴士的出发时间，我们拿好行李，坐上车出发去东京站，再乘坐新干线到我们这趟日本之旅的最后一站，京都。

因为大阪和东京都没有下雪，而京都离大阪和东京都不远，在出发前我们还在担心能不能有幸看到京都的雪景，因为听说能看到京都的雪景不是一件容易的事，能看到的话真的是幸运。坐在 JR 列车上，我看着窗边，一路上过去都是绿色的山和黄色的农田，心里还在犯嘀咕：拜托拜托，京都下雪吧。

不知道是不是我的愿望被上帝听见了，当 JR 列车继续往京都的方向

开了一小段之后，我的眼前突然出现了一整片的白色。白色的农田，白色的山，白色的屋顶。

下雪了！真的下雪了！！

经过2个小时的车程，我们终于到了关西的京都。

下车后第一件事，就是先去京都的观光咨询处拿奈良的地图、京都的地图和一切有用的资料，还要提前买最后一天早上从京都到关西国际机场的车票。JR站的旅客咨询点接待我的是一位日本的老人家，看样子大概70岁左右了，一身西装笔挺，讲话速度很慢，有一种很古典、很儒雅的气质。他的英语讲得非常好，在我问怎么从京都到奈良并且列车的发车时间在哪里的时候，他偷偷地从桌子底下把列车时间表的本本拿给我，而且小声地

说："这是给你的新年礼物，不要告诉别人，这是我们的秘密……"另外一位工作人员经过他的身边，他还向我介绍说那位工作人员是日语老师，到最后，他还一字一句地教我用日语说新年快乐。

非常可爱的老人家。

根据老人家的指示，我到车站的对面购买了机场巴士车票。妈妈就在车站里面边看行李边等我回来。

一走出车站就发现，车站外面的天上飘下絮絮白雪，一点点，还不大，应该是刚刚开始下。

京都开始下雪了！

一开始看到下雪只是兴奋，但是我完全没想到，这原来是京都61年以来的首次大雪！这是我收到的最开心的新年礼物。

这场雪下得很快很大，我刚刚出车站的时候才开始下，等我买完票回到观光咨询处再出站的时候，地上已经开始积了一层薄雪，渐渐地看不清地面的颜色了，街上的人也纷纷戴上帽子，拿出雨伞。

这也说明，我下午可以看到清水寺的雪景了！

由于雪实在是下得太快太大，我们放弃了走到民宿的念头，在车站边截下一辆出租车，坐车过去了。一开始出租车司机理解错了民宿的名字，把车开到了另外的地方，到了之后发现和我预订时看到的图片和酒店名字都不对，再重新确认后才发现走错了方向。司机叔叔一直给我们道歉，把计价表归零，一路开到了我们应该去的民宿，并且在到达目的地之后只收取了归零前的费用。

放好行李之后，我们直接在民宿

购买了京都巴士一日票，借了两把雨伞，就回到京都站的巴士站，准备坐车去清水寺。

这时候再出门，路边的树枝上已经积起了小雪堆，地面已经完全看不出原本的颜色，积雪往越积越厚的趋势发展，而我也越来越兴奋了。

雪中的清水寺，
美得不知所措

关于清水寺，我来科普一下吧。

清水寺是京都最古老的寺院，建于公元794年，占地面积13万平方米。现存清水寺为1633年重修。清水寺为栋梁结构式寺院，正殿宽19米，进深16米，大殿前为悬空的舞台，由139根数十米高的大圆木支撑。寺院建筑气势宏伟，结构巧妙，未用一根钉子。寺中六层炬木筑成的木台为日本所罕有。舞台的建筑，巍峨地耸立于陡峭的悬崖上、极其美妙。日本有一谚语："从清水的舞台上跳下去"（清水の舞台から飞び降りる），用以形容破釜沉舟做某事。

在京都站的巴士站搭乘206号或100号巴士，到清水道下车，再步行大概8—10分钟，一直往斜坡上走就可以到达清水寺了。路牌路标什么的都很明显，不用担心会迷路。

因为一直在下雪，我们打着的雨伞变得越来越重，需要过一阵子把伞拿下来，把积在伞上厚厚的雪抖掉才能继续走。

但是也因为这个下雪天，清水坂的这一段路变得格外漂亮。两边的树上都变成了白色，平房的屋顶也积了一层厚厚的雪。雪花在眼前从天空飘落到地面，脚下开始变得湿滑。在日本有这样一个说法，千万不要在三年坂摔倒，不然会倒霉一年。所以走这一段路的时候要格外注意脚下，千万千万不能摔倒了。

这一路有很多穿着和服木屐的外国旅客，在这种大雪天能穿着这么薄的衣服真的需要勇气。原本我也打算来京都试试和服的，但是碍于天气，最终还是放弃，这也成为我下次要再来京都的动力。

每一次旅行总是要留点遗憾，下次才能够再来呀。

沿着斜坡一路向上，终于走到了清水寺的门口。正红色的入口在大雪里特别醒目。走进去发现，清水寺里面的雪景太漂亮太漂亮太漂亮了，也不知道为什么，就觉得比京都其他地方的要漂亮得多。

沿着阶梯往上走，先是到售票处，购买门票后就可以进入清水寺，然后直径走就可以走到清水舞台。在清水舞台可以求签，也是放 100 日元的硬币，然后摇签筒，会有签掉出来，再把数字报给工作人员，他就会把对应的签文折起来拿给你。新一年的第一天，当然要求个好签，祈求新的一年都有好运。

从清水舞台看下去，山下的树已经完全被大雪覆盖了，迎着灯光，就像冰雪奇缘里面的世界一样。

在清水舞台的旁边就是很出名的、求姻缘很灵的地主神社。这里有两块姻缘石，据说如果可以闭着眼睛从一块走到另一块，这个人的姻缘就会很好，如果闭着眼睛然后需要别人带领着从一块石头走到另一块的话，姻缘也会好，但是也意味着需要别人的协助，例如朋友的介绍什么的。

除了最出名的姻缘石，里面还有求签的，祈福的，求姻缘的，所以想要祈求来年有好姻缘的，或者保佑恋情顺利的不妨来这里试试看。

从地主神社出来，沿着山边一直走，就可以到达清水舞台的最佳拍摄点。但是当我们走到平台上的时候，雪已经大得像下雨一样了，雪花打在树叶上的声音就像广州下暴雨时的声音一样。透过相机的镜头只能看到被大雪划开的夜空，而且因为相机过于智能，自动对焦，永远都会对焦到近处的疯狂飘落的雪，远处的清水寺只剩下一个模糊的影子。我们在平台等了一会儿，雪终于开始变小了，我赶紧跑到前面选好角度抓拍了一张，才能看到清水舞台的实体。

而这个时候才能明白为什么清水舞台会被誉为奇观，下面就是陡峭的山体，而清水舞台仅仅依靠木桩支撑在半山，如果不认真看，就真的像是悬浮在山边似的。不得不感叹古时工匠们巧夺天工的建筑技术！

一头扎进拉面小路

离开清水寺的时候，天色已经完全变黑了。原本还打算去祇园的，但是雪实在是太大了，而且入夜之后气温骤降，虽然穿了羽绒服戴了手套和围巾，我们还是在寒风中冻得瑟瑟发抖。而且因为大雪，路上塞车了，一大批人都集中在这个时候离开清水寺，导致等公交车的人一直排了快100米的长队，我们在路边等公交车都等了半个小时到40分钟，后来就决定先回京都站吃东西吧。就这样，祇园就成为除了和服之外，另一个促使我一定要再去京都的动力。

好不容易等到公交车，在路上又塞了好一阵子之后，我们终于回到京都站，这时已经是晚上8点了。因为是1月1日，商店关门早，我们到的时候基本上所有的店都关门了。为了解决肚子饿这个首要问题，问了商场里面的工作人员，得知只有8楼的拉

拉面小路独具特色的餐桌。

面小路还有吃的，我们直接奔向拉面小路觅食。

拉面小路和拉面共和国是一样的，也是几家拉面店开在同一个地方。在公交车上塞车的时候，我上网查了京都美食攻略，很多攻略上面都有介绍东大拉面店。东大拉面店的门口排起了长队，其他的店家门口队伍没那么多人，就冲着这一点也值得试试看。在等位的时候可以提前去自动售票机购买餐券，机器上没有英语和中文，只有日语和图片，所以每天必做的"你画我猜"环节又到了。

买好食券之后交给店员，如果人还是很多的话需要继续在外面等位，有座位之后店员会带进去，然后上拉面。东大拉面店的桌上很新奇，桌子的中央是一排架子，而架子的底部是镂空的，放着各种调味料和生鸡蛋，都可以随便拿。而且这种设计的好处就是两边的人都很容易拿到调味料。

根据攻略上面的推荐，我们点的拉面和炒饭很快就来了，拉面还是一如既往的重口味，炒饭却出乎意料的好吃，特别刚刚从大雪天和塞车中解脱出来的我们，好吃的炒饭就是给我们最大的心理安慰。难怪我们在排队的时候看到很多人都会买一份炒饭和一份拉面，这也给我们一个旅游小贴士，到陌生的地方旅游的时候，如果不知道该点什么，点菜的时候看看旁边的人怎么点，通常不会有错。

罕见的雪中金阁寺

这天是在京都的最后一天了，安排的景点不多，主要的任务是最后的Shopping。

早上起来我们先把行李都搬到最后一天要住的酒店，因为最后一天要很早起床，所以就选择住在京都站对面，方便早上赶去车站，坐机场大巴回香港。

安顿好行李之后，我们出发去京都的标志——金阁寺。

金阁寺（日语：きんかくじ，英语：Golden Pavilion），正式名称其实是鹿苑寺（日语：ろくおんじ），因为建筑物外面包有金箔，故又名金阁寺。那是一座位于京都、最早完成于1397年（应永四年）的日本古刹，除了是知名的观光旅游景点之外，也是被日本政府指定的国宝，并于1994年被联合国教科文组织指定为世界文化遗产。

从京都站前的巴士总站搭乘101、102、204、205路巴士，在金阁寺下车就可以了。下车后跟着人群走就准没错。到售票处需要排队买门票才能进入，金阁寺的门票像符一样的，写的是中文，很有特色。

据说能看到金阁寺的雪景很不容易，我们第一次来就碰到了，真的很幸运。从远处看，金阁寺在阳光下格外耀眼，屋顶上有一层白色的雪，白色和金色是绝配好嘛，配着蔚蓝色天空的背景，一眼望去都是干干净净的感觉。金阁寺前面有一池水，由于天

很有特色的金阁寺门票

193

气寒冷，水面已经结起了一层薄冰，从天上飘下的零星雪花落在薄冰上，化成了一簇簇白色花束，远看就像是漂浮在水面上一样。静止的冰面，素净的金阁寺，还有落在冰面和屋檐上的皑皑白雪，远远地看过去，好像时间都静止了一样，不管时间的纷扰，它就这么静静地伫立着，享受着自己的美丽和静谧。

那天刚好是日本的新年假期，不只是外国游客和旅行团，还有很多日本本地人也来金阁寺，所以人多到一种惊人的程度。如果从人群里一路挤到水边，想要跟远处的金阁寺拍一张没人背景的合照，至少需要 10 分钟，而且一定要慢慢挤进去再慢慢挤出来，少一点体力都是一件不可能完成的任务。

沿着水边一路可以绕到金阁寺的旁边。迎着阳光，金阁寺在我的眼前闪闪发光。要知道上面的金色并不是颜料，而是真正的金箔贴成的。旁边还有人说："如果去抠一块下来，说不定可以卖个好价钱。""年轻人，你的思想很危险啊，这些坏事咱们就别做了好吗？"

　　由于不能入内参观，在金阁寺绕了一圈拍拍照片，就可以准备去出口了。但是由于出口的路被积水和雪挡了一半，原本的两人道无奈变成了单人通道。所以大家只能乖乖排队，慢慢走出去，这一段路我们就走了快半个小时。但是多亏这半个小时，让我可以静下心、耐着性子、在不同的角度把金阁寺看了个遍。如果是一路畅通的状态，我就不可能欣赏到不同角度的金阁寺，就不可能知道从这个角度看过去，可以看到金阁寺和池水的另一个样子。

　　有的时候看似不好的事，说不定能带来好结果呢。

京都人的市场
——最接地气的市井生活

人气七味 三つの味

离开金阁寺，我们就坐巴士到俗称"京都人的市场"——锦市场。据说这里是京都本地人都会来买东西的地方。我坚信的一个观点就是，到一个陌生的地方旅行，如果想要真正了解当地人的生活，逛菜市场是一个很不错的选择，正如我们在清迈的时候无意中发现了一个当地人的夜市，不是周六夜市和周日夜市，少了游人，反而多了一分闲适和真实。夜市的旁边是一个当地人会逛的市场，中午的时候人少，就会有人躺在台子上让别人给做泰式按摩。这里还有清迈很好吃的炸猪皮，价钱比外面要便宜，分量也大很多。这才是真正深入当地的旅行方式。

说回锦市场吧。

锦市场（日语：にしきいちば），是位于京都市中京区中部锦小路通中寺町通－高仓通区间的一条商店街。沿线的商铺大多销售鱼、京都蔬菜等生鲜食材或干货，还有腌菜等加工食品，且老店众多。在这里可以买到众多京都特有的食材，因此又有"京都的厨房"之称。按照中小企业厅的分类，锦市场属于超广域型商店街。除了当地市民之外，锦市场也和附近的新京极商店街、寺町京极商店街一并成为观光客到访京都的必去之地，也有众多料亭、旅馆在这里采购食材。

到锦市场的交通很方便，在阪急乌丸站或地铁四条站下车，出站沿着四条通往东步行约3分钟就能够看到一条路，走进去就是锦市场的标志了。

锦市场有点像国内的普通市场，中间一条长长的走廊，两旁鳞次栉比地排列着店铺。日本的市场都非常干净，地面不会有积水或者大片污渍出现，而且屋顶是玻璃制的，阳光透过玻璃照射下来，整个室内光线也很充足，看起来更干净温暖了。由于是新年假期，只有少许店铺开门做生意，其他的商人都放假享受假期去了。有几间专门卖盐渍食物的店，近百个棕色的大酱缸子从店里一路摆放到店外，非常壮观，刚走近店门口就迎面扑来一股酱料的味道。有很多当地人在挑选酱菜和酱料，还有人跟老板聊天聊得哈哈大笑，应该是熟客，老板都了解他们的口味，还能够经常开开玩笑。

酱缸子里面有我们在日本料理店包括回转寿司店经常会看见的大根，也就是那种黄色的萝卜腌制食品。还有各种味噌，原本我以为味噌只有几个品种，到这里才知道原来味噌也有那么多的讲究，满满几大排的缸子里都是味噌，而且颜色味道都不一样。这里也有平时很少见到的盐渍蔬菜和酱料，日本人也喜欢吃腌制菜，像酱黄瓜之类的，有点像韩国人热爱的泡菜一样。

除了卖半成品的小店，还有卖食物的店家，蒸包子、糕点、关东煮，蒸汽腾腾，好不热闹。还有卖七味唐辛子的专门店，这是我们这几天在日本吃饭经常会看到一种日本特有的调味品，红色的粉末，加在乌冬面条或者盖饭里面都很好吃。七味唐辛子简称七味或SHICHIMI，是日本料理中一种以辣椒为主材料的调味料，是由辣椒和其他6种不同的香辛料配制的。而在以前的江户，亦有称之为七色唐辛子或七种唐辛子。也正是因为含有不同的香辛料，口味很丰富，一口下去，有好几个层次的味道一波接着一波涌上来，而且并不是太辣，所以能够满足大众的口味。如果喜欢的话真的不妨买一些回国，一罐都可以吃上好久。

由于出发前没有预料到，由于新年假期的缘故，锦市场的大部分店铺会关门，本来预留慢慢逛的时间一下就空出来了，所以行程提前结束，开始进入买买买的环节。

你永远少一个行李箱
来日本之后会发现，

离开的前一天，就是疯狂大采购的日子，各种手信、各种电器，很多比国内要便宜，而且有很多地方可以直接现场办理退税，把税一减，就更便宜了。而且在新年期间，购物商场基本上都会有促销活动，各种3—5折，还有1000日元均一价，来日本真的是一不小心就可以买破产。

因为冬天，我们带来日本的行李里面就放了各种大衣、雪地靴和保暖用品，所以来的时候箱子就基本上是满了三分之二。原本觉得压一压塞一塞，总是能够塞进去的，而且我们并不需要买太多的东西啊。来了日本才发现太天真，看到什么都想买，而且价钱太诱人，让我买完再考虑剁手的事吧，拜托。在东京的时候箱子就已经塞得满满的了，京都还要继续买买买，所以我们决定在京都重新买一个箱子，不然没办法把东西都带回去。

在京都的最后一天，我们在日本很出名的连锁商店看箱子，选了又选，一位工作人员过来帮助我们，每一个箱子都不厌其烦地给我们打开看，然后介绍箱子的功能和特点，以及介绍现在在做的各类优惠活动，最后我们选择了一个现在世界上容量最大的，而且可以满足所有航空公司对行李箱尺寸要求的，整整100L的大箱子。事实证明，买这个箱子是对的，因为最后一晚，我们不负众望地把这个新箱子也给塞满了。在日本，不要低估了自己的败家能力。

那位工作人员的服务态度也是好得太夸张了，我们决定买箱子之后，他让我们在原地等着，然后把箱子的价钱标签剪下来，拿去办缴费和退税的手续，一路小跑，还生怕耽误了我们的时间。办完手续回来，他把单子用双手递给我们，再带我们到最近的缴费台去缴费。到达缴费台之后，他向我们道谢，并且 90° 鞠躬，最后才离开。

　　不得不佩服日本的服务业好得太极致，这半个月在日本就能够充分体会到什么叫做"顾客就是上帝"这样一个说法。在日本被服务业惯坏之后，回到国内见到一些地方就真的很想说"今时今日，这样的服务态度是不行的"。

PART7
奈良、宇治、伏见

奈良的小鹿见到人会鞠躬，
宇治的空气里都弥漫着抹茶的香气，
阳光透过伏见的千鸟居的罅隙，直射
在地上，形成斑驳的光斑。
关西的魅力，
沉静而醉人，美好而深刻。

出来旅游
就应该像老妈这样

带着射手座妈妈出门的好处就是，不用担心她要休息或者觉得累了，她比我还风风火火。

前两天在札幌漫天飘雪、路上没人的时候，她催促着我快点出门，"快走、快走，快出去，待在房间干嘛""不要老是睡懒觉，出来旅游不是来睡觉的，明天早上早点起床知道不？"

在台湾的时候，我们可以早上8点起床吃早餐然后出门，一直在外面逛到晚上11点才回民宿洗澡休息，中午完全不用回房间午睡休息。

而且带着风风火火的妈妈出门可以改掉选择困难症，第一次去餐馆，吃饭就挑店家推荐的不会有错，因为带着这样一个雷厉风行的妈妈，也因为关西这3个小地方我一个都不想错过，就全部安排在了一天。

奈良的鹿真的会鞠躬

新年的第二天，一大早在日本传统町屋醒来，梳洗整理完毕就在民宿吃 homemade 的早餐。在日本待了那么多天，我一直很好奇日本饮食搭配的秘密。日本早餐很奇怪的一点就是看起来分量不多，全部都是小小的一份，一点点酱菜，一碗味噌汤，一点米饭，一点蔬菜，对我这个热爱吃早餐的人来说看上去分量完全不够，但是到最后发现，这样的一小份一小份，真的能够吃得很饱。

我们民宿老板整理房间的方式也很好玩。在民宿门口有一块翻牌子板，出门的话就翻成 OUT，回来之后就翻回 IN 就可以了。每天都要翻牌子，太好玩了。

很有意思的福袋活动

出门发现，前一天的大雪已经停了，地上厚厚的积雪记录着昨晚雪精灵曾经造访过的痕迹，今天的京都天气很好很好，对面的西本愿寺在蓝天和白雪的衬托下显得更加古朴。

走到京都站准备坐车去奈良的时候，看到有很多人在站里面排队，想一想，他们应该是准备去抢福袋。日本过年会有一个很有趣的购物活动——福袋活动，所以在这段时间日本各地的大型百货外面都会有很多人一大早就排队等着，一开门就进去抢福袋。

福袋的意思是每个福袋限定价钱，然后里面的商品价格会远超过定价，但是数量有限，抢完即止。苹果的福袋更逆天，里面的东西不确定，有可能是 iPad，有可能是 iPhone，最厉害的是还有 macbook。能不能拿到全靠运气，所以在苹果福袋发售前几天就会有人在店外面搭帐篷。看新闻说，在北海道札幌的苹果店外面排了一队人，直接在路上安营扎寨等福袋。警察叔叔半夜巡逻的时候还会每隔几个小时去推一推人，看看他们是不是还活着。

会鞠躬的小鹿

京都近铁站几乎每个小时都有车去奈良，看好时间就可以去等车了，和去小樽的一样，不需要提前预订座位。去奈良的车不像新干线那种豪华，就是比较普通的日本列车，有点像我们的地铁，两长排的座位对着坐，中间是扶手。我们在站台等了一下，头顶着奈良标志的银色车缓缓驶进站台，上车找好座位，出发去奈良看鹿啦。

从京都站出发，经过40—50分钟就能够到达奈良站，到达奈良站之后看标志说"东大寺"就可以出了，我发现好几个出口都可以到，所以不一定在特定的出口。

刚出站的时候还没有看到鹿，满心期待中。出站后沿着马路大概走5分钟，路上就全部是在散步的鹿，有人买鹿仙贝在喂，还有人在拍照。这些鹿看起来很悠闲，也不怕人，好像这里是它们的地盘，我们都是外来的一样，放眼望去，人行道上的鹿有可能比行人还要多。

第一次看到那么多的鹿，感觉也是挺神奇的。它们就站在路中间，随便站在它旁边拍照，它也会乖乖地看镜头。看来都是经过训练的啊。

据说奈良的鹿会鞠躬，到这里了我就试试看。在路边找到一只看起来比较温良的，我对它鞠了一个躬，没想到它真的低下头给我也鞠了一个躬！第一次傻眼了没有看清楚，我就再鞠了一下，结果它又跟着我鞠躬，幅度比第一次要大。

太神奇了，这里的鹿是成精了吗！

再换一只试试。往前走了一段，又发现一只看起来很温良的，我慢慢地给它鞠躬，这只可能性格比较急，头一下就低下去了，鞠躬的幅度比上一只要大。太好笑了。旁边经过的人也一直看着我们在给对方鞠躬，还拿出手机来拍。

鞠躬仪式结束之后，我们一路走到东大寺，一路上都是鹿，而且这些鹿很好玩，它们就站在路中间，既不会让人，也不会怕人，人反而要绕开它们走。如果被它们看到你手上拿着吃的，就会有一大群鹿围

上来，它们真的很贪吃，非常贪吃。我站在路上拍照的时候，突然发现有一股力量在后面扯我的包，我本来还以为是挂到别人了，回头一看，有一只鹿在啃我的书包带子！因为我的书包带子是棕色的，看上去就是鹿仙贝的颜色，它误以为是好吃的，所以就一直在拉扯，掉了继续咬起来扯。还有因为我的手机壳是姜饼人，也是棕色的，最主要这个姜饼人的形状看上去就是吃的，而且我还拿在手上，一只鹿看到后就冲上来，然后其他鹿看到那只鹿往我的方向走，瞬间就凑上来了一大

被一大群鹿围着的女孩。

群，不到 1 分钟的工夫，我的身边就围了一圈盯着我的手机看的鹿。所以千万千万不要随便给它们看到吃的，不然会很惨。还有几只就属于被动的性格，干脆直接趴在地上不动，等着经过的人给它们喂食，看到它们乖乖地趴着，很多人就会主动过来给它吃的。奈良的鹿真的都已经成精了。

只是一瞥的东大寺

根据路边的指示牌，跟着人群的方向，走着走着就到达东大寺了。

东大寺（平假名とうだいじ）是日本华严宗大本山，又称为大华严寺、金光明四天王护国寺等。东大寺位于平城京（今奈良）东，是南都七大寺之一，距今有 1200 余年的历史。东大寺，1998 年作为古奈良历史遗迹的组成部分，被列为世界文化遗产。东大寺大佛殿，正面宽度 57 米，深 50 米，为世界最大的木造建筑。大佛殿内，放置着高 15 米以上的大佛像·卢舍那佛。

因为我自己的习惯，在东大寺就没有拍照，进去看了一圈就出来了，继续逗鹿去。

让人把持不住的小可爱

为了让它们放过我的书包带子和手机壳，我决定买点东西来喂它们吧。奈良的路边有很多卖鹿仙贝的小摊，

不用对比价钱，全部均价，看中哪家就买来喂吧，好像是 150 日元一份，一份里面有几大块，每一块掰开来喂，可以喂很多。

喂鹿也是一门技术。前面不是说那些鹿会鞠躬吗，那是因为在讨吃的，就像教小狗的时候做对一个动作就给零食奖励一样，在这里，它们鞠躬之后就希望你能把鹿仙贝给它们吃。但是千万千万不要被它们善良的外表和可怜兮兮的小眼神给欺骗了，其实它们很坏很调皮的。如果你喂了一只鹿就走，但是被它发现你手上还有剩下的或者拿剩下的鹿仙贝去喂其他的鹿，那些鹿是真的会吃醋的，它们会用头顶人。是真的，我就是喂了一只，转身喂另一只的时候背后

被推了一下，回头一看才发现是之前喂的那只鹿做的坏事，它在后面用头顶了一下我的书包。不过不用害怕，它们撞的力度不大，不会疼的，更加不会说把人给撞倒了，就是看着它们会觉得很好笑很可爱。而且这些鹿通常不会咬人，所以不用担心，只要别激怒它就好了。

喂完小鹿，我们就出发去近铁站，准备去日本抹茶之乡，宇治！

世界抹茶看日本，
日本抹茶看宇治

从奈良出发到宇治的路线很复杂，我研究了整整一个晚上，查了好多资料和别人的游记攻略，才弄清楚整个路线的安排设置。中间需要在一个站下车再倒车才能到，具体的在后面的交通篇会详细说明，如果打算连着走这两个地方的话要仔细看。

按照计划倒了车之后，我们坐上了前往宇治的火车。宇治线的车座位很有意思，都是抹茶颜色的，一看就知道是开向宇治的车，没有一不小心坐错车的风险。上车后经过大概 15 分钟就到宇治站了。

宇治是一个很安静、很闲适的小镇，也就是日本很传统的样子，都是小平房，没有高楼大厦，最高的房子可能也就 4—5 层的样子。镇子里房子不多，人也不多。镇的中间有一条河，缓缓流淌的河水让这个小镇平添了一点古朴。

有一句话是这样说的"世界抹茶看日本，日本抹茶看宇治"。来到这个抹茶发源地，肯定要尝尝这里最出名的抹茶，查好店铺地址和路线，我们直接走到了伊藤久右衛门。

在门口就能看到店里面在等座位的人。如果想堂食的话，可以先把名字写在登记的本子上面，等待服务员叫名字就好。旁边是一个售卖各种抹茶制品和抹茶工具的地方，可以一边买手信一边等位置。

这里的抹茶种类超级多，饼干、曲奇、抹茶粉、糖果，应有尽有，都不太贵，还有一些是京都限定、宇治限定的抹茶，在日本其他地方买不到，也显得更加珍贵了，买这些作为手信带回国送给朋友都很不错。我们一口气买了很多的抹茶硬糖，买单的时候本来想跟工作人员说，多给几个小的袋子回去分装送给朋友，还没等我们开口，她就先主动问是否需要多给我们几个独立的包装袋，而且帮我们好好地装起来，还问我们这些袋子够不够，还需不需要再给几个备用的。服务态度真的太好了吧！

店里不定时会有工作人员拿试吃的产品出来给顾客品尝，抹茶麻薯、软糖，还有抹茶粉冲出来的饮品，都可以先尝味道，看看合不合自己的胃口，再决定买不买。在纪念品商店里吃吃逛逛，大概等了 15 分钟，就听到店员喊我的名字，可以入座了。看到菜单上面的所有东西都想吃，选择困难症来到这里真的会每一个都来一份，有冷的、有热的，还有抹茶做成的日本面条。我们首先点两个招牌的抹茶甜品，招牌的肯定不会有错。

甜品一拿上来，从视觉上就已经完全征服我了。拿起勺子舀一勺放在嘴里，不得不说，宇治的抹茶味道和别的地方的还是不一样，我觉得香港的抹茶甜品都太甜了，在铜锣湾有一家很出名的、无时无刻在排队的抹茶专门甜品店，去吃了一次我就不想再

去尝试了。台湾的抹茶味道还可以，我在台南一家店吃到的抹茶冰激凌味道很好，但是来到日本一尝才知道两者的区别还是存在的，台湾的虽然不太甜，但是没有宇治抹茶那种独特的茶香味。宇治抹茶带一点点一点点的苦味，但是吃到嘴里之后，瞬间又会有一点点甘甜回味，很好入口的味道，不会说吃完了觉得嘴巴里面很涩很干。

我点了一个放在店门口被做成模型的甜品，能够放在店门口的，一定是王牌产品，这个一定要尝一尝。透明的玻璃杯子里面，一层一层的丰富材料，看着就已经忍不住要马上开吃。里面有抹茶的麦片、抹茶冻、抹茶丸子、抹茶饼干、糯米丸子、年糕、还有香草味的雪糕。口感层次也极为丰富，有香脆的，然后到软糯的，再到脆口的，然后又是软糯的，一层一层，反反复复的口感，让人忍不住一吃再吃，完全上瘾的感觉！一个长勺挖下去，勺子里面应有尽有，超级满足。

当我还在满满地一勺勺地享受我的抹茶甜品，幸福得出神的时候，妈妈突然说，呀已经3点多快4点了，我们不是还有地方要去吗？我一听才想起来，赶忙把剩下的甜品吃完，回到车站，去今天的最后一站——伏见。

抿嘴轻嗅，那沁人心脾的抹茶香从鼻孔钻入体内，顿觉身心都十分舒畅。

嘴欠，
伏见稻荷大社的遗憾

这个经历告诉我们一个道理，要安排好时间，不要因为好吃的而错过了时间！

我们坐车到达伏见稻荷大社的时候，天已经是深蓝色近乎黑色了。这是一个教训，如果觉得时间比较赶的话，一定不要把伏见安排在傍

晚，特别是冬天的傍晚，不然天黑之后就看不到千鸟居的全景了。千鸟居，也是绝大多数人来伏见稻荷大社最想看的啊。

因为是新年期间，伏见稻荷的人非常多。旁边的摊位吆喝声此起彼伏，还有在布置准备开门的夜市摊位，吃的玩的，应有尽有，晚上应该会特别热闹。一走到伏见稻荷大社的门口，我就马上沿着标示跑到千鸟居，看看能不能碰运气看到一点点。但是很遗憾，因为冬天的天黑得太快，就在我全力奔跑的过程中，天色已经从深蓝色变成黑的了，完全看不到千鸟居，我只能勉强看到几根柱子，拍照也拍不出想要的效果，路灯一开，远处又黑黑的，拍出来反而显得灵异了。而且走在里面，光线也很暗，不怎么能看得清路。摸着黑走了一小段之后，我们决定放弃了，原路返回吧。

好吧，继和服体验和祇园之后，这个地方又给我一个重回京都的理由了！

在伏见稻荷大社里面逛了一圈、许了新年心愿之后，我们就重新回到车站、坐车回京都市区了。

日本，
下次再约

在日本最后一天的早上，为了赶早机，我们4点就起床，把要寄的明信片和买邮票的钱交给酒店前台的工作人员之后，我们拉着3个大箱子一路风风火火地奔向巴士站。5点半赶到机场大巴站，车也刚好到，顺利上车放好行李出发前往机场。

之前不是一直在说日本的时间观念有多么变态吗，在这最后的一程，我对这种变态的理解又加深了。

刚到京都那天买机场大巴票的时候，车次表上出发时间写的是5点半，到达时间也写好了。我就很纳闷难道

真的可以按照写的时间到达吗，不然哪来的自信写上来。结果真的是我太天真，因为一路没睡，到达机场的那一刻我刚好看到车上显示的时间，刚好就是车次表上面写的到达时间。在我离开日本之前，这个国家的时间观念又一次让我佩服得五体投地。

到值机的柜台，新买了一个行李箱的行李费，也就是我们新买然后又很努力地把它塞满的那个100L的行李箱，办理好手续之后，准备登机了。

日本呀，我们下次再见吧。约好了，下次来看樱花，好吗？

如果有下次，我一定会选择春季前来，看一看那如樱花般美丽的女子。

PART8

日本
旅游信息

签证

　　签证是最最最多人关心的问题，有很多人一直在问我。首先，每个领区办理的条件和材料不一样，价钱也不一样，广州、上海、北京全部都不同，所以大家要先看好自己的领区的签证要求，我比较了解的是广州地区（包括广西、广东、海南、福建）的。广州的出签时间是10—15个工作日（注意是工作日！不是自然日！）。

关于学生签证

　　我的学生签证是在香港办理的，所以手续会少一点，要求的资金证明也少一点。香港办理的速度也很快，2天就拿到签证了，要求的流水和存款证明只需要超过2万港币就可以。内地的学生签证好像要在学校开放假证明才能够办，具体的我没有办过，所以只能提供官方的资料供大家参考。

办理日本签证需要提供的资料

日本签证申请资料	
项目	**详解**
本人护照	申请者须持有本人签名的6个月以上的有效因私护照原件，如有旧护照请一并附上护照签名，必须与个人资料表签名完全一致
本人照片	3个月内2寸白底彩色近照
身份证复印件	必须是用身份证原件的复印件（二代须复印双面）
户口本	全体家庭成员的户口本复印件，包括户主首页（有同行家属时），能体现关系的户口本或亲属关系公证书
签证申请表	由申请人本人如实、完整填写并签名，另备个人签名空白资料表1-2份，护照签名必须与个人资料表签名完全一致，日本使馆非常注意签名的正确性
在职证明	担保信必须盖有所在单位的公章，说明申请人职务，在此工作时间，在日期间依从日本法律、不脱团活动、旅游结束后按期回国。如有滞留不归，由本人及公司承担一切法律责任和所产生的费用，领导的签名、联系电话、日期（日本个人旅游签证，最重要的是需要注明年薪10万元，如果没有注明是申请不到的）
企业营业执照	国家政府机关无须此项，但要提供单位法人代码证复印件，并加盖单位公章（企业的话，必须提供营业执照加盖公章的副本复印件，如果是学校或事业单位等提供加盖公章的组织机构代码证复印件，必须提供）

项目	详解
个人资产证明	近半年的银行流水账单，且现存款余额在 10 万人民币以上，最好有 12 万以上，还有房产、车的复印件，总之资产证明越多越好
结婚证	结婚证复印件（日本领事馆对在一个户口本的人员才会认定为亲属，如果夫妻不在一个户口本上，都是单独的户口，光是提供结婚证，使馆是不认可的，需要提供亲属关系公证书）
特殊人群	a. 退休人员：如申请人为退休人员，需要提交退休证； b. 在校学生：如为学生，需提供学校在读证明、学生证、身份证、户口本，父母一方流水账单盖章原件（10 万以上）； c. 无业人员：如申请人无雇主，需提供居委会开具的自由职业或无业证明； d. 暂住人员：所属辖区内，户籍和居住上班的地方不属于同一省份的话，提供居住证复印件，并且提供外地护照的派发机关和联系方式

行李

文件类	护照、机票行程单（根据个人习惯、可带可不带）、攻略指南、个人证件。最好把个人证件的复印件都带着，以防万一
电子产品	手机、相机、摄像机、充电器、移动充电器、转换插头等
个人用品	换洗的内衣裤、合适季节的衣物和鞋子、护肤品、化妆品、洗浴用品、毛巾、生理用品、防晒霜、墨镜、牙膏牙刷（提倡环保）、指甲钳、创可贴
饮食类	感冒药、个人必备药品、零食等

旅行季节

　　日本四季分明，列岛南北长 3000 公里，自北向南跨越了约 25 个纬度，南北气温差异十分显著，跨亚热带到亚寒带。冬季受源自西伯利亚的季风的影响，夏季受来自太平洋季风影响。冬季寒流南下，夏季热带气流北上。冬夏两季各长达数月，而处于季风交替之际的春秋季，各为 2 个月左右。

　　1. 春季（3 ~ 5 月），适合旅游城市：东京、名古屋、京都

　　2. 夏季（6 ~ 8 月），适合旅游城市：冲绳、长崎、镰仓

3. 秋季（9～11月），适合旅游城市：京都、京都、奈良

4. 冬季(12月至次年2月)，适合旅游城市：北海道、箱根

地区	1月	2月	3月	4月	5月	6月
札幌	-8 ~ 1	-7 ~ 0	-4 ~ 4	-3 ~ 11	8 ~ 17	12 ~ 21
东京	2 ~ 10	2 ~ 10	5 ~ 13	11 ~ 18	15 ~ 23	19 ~ 25
冲绳	16.8	16.6	18.6	21.3	23.8	26.6
大阪	3 ~ 9	3 ~ 10	5 ~ 13	11 ~ 20	15 ~ 24	20 ~ 27
富山	0 ~ 6	-1 ~ 6	2 ~ 10	7 ~ 17	12 ~ 22	17 ~ 25
福冈	3 ~ 10	4 ~ 11	6 ~ 14	11 ~ 19	15 ~ 24	19 ~ 27

日本主要旅游城市1～6月气温走向（单位：℃）

地区	7月	8月	9月	10月	11月	12月
札幌	17 ~ 25	19 ~ 26	14 ~ 22	7 ~ 16	1 ~ 8	-4 ~ 2
东京	23 ~ 29	24 ~ 31	21 ~ 27	15 ~ 22	10 ~ 17	5 ~ 12
冲绳	28.5	28.2	27.2	24.9	21.7	18.4
大阪	24 ~ 31	25 ~ 33	21 ~ 29	15 ~ 23	10 ~ 17	5 ~ 12
富山	21 ~ 29	22 ~ 30	18 ~ 26	12 ~ 21	6 ~ 15	2 ~ 9
福冈	24 ~ 31	25 ~ 32	21 ~ 28	15 ~ 23	10 ~ 18	5 ~ 13

日本主要旅游城市7～12月气温走向（单位：℃）

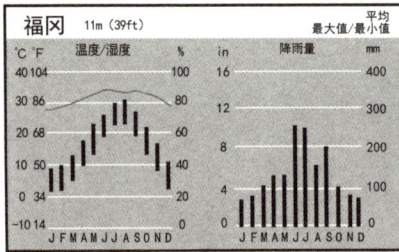

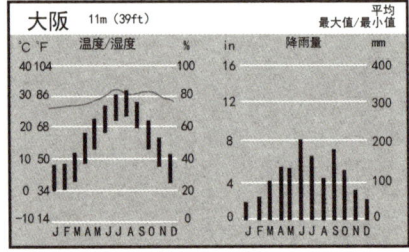

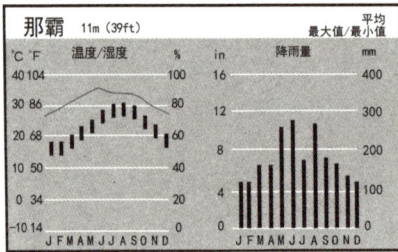

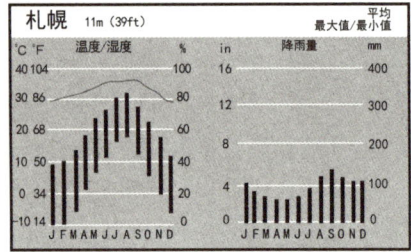

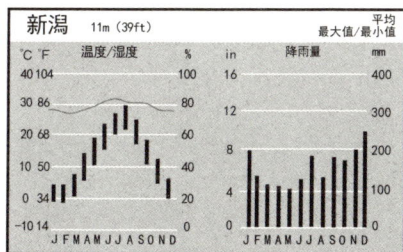

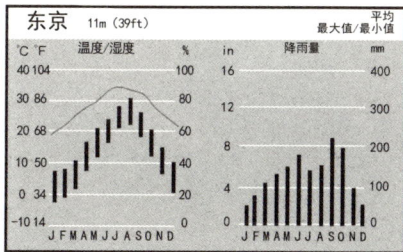

新潟 11m（39ft） 東京 11m（39ft）

日本网络

在日本需要上网的话有两种方法，购买富士卡或者租 Wi-Fi 机。

富士卡是 7 天 1.8G 流量的，好像是 3G 网络。如果不怎么上网，酒店又可以蹭 Wi-Fi 的话，可以考虑买富士卡。网上有很多，可以根据自己的喜好选购。

Wi-Fi 机适合像我这种喜欢看剧、刷微博、微信、Facebook 和 ins 的。随便用，无限流量，不需要省着来。只是可能每天要多背一台机子，然后回到国内还需要寄回去而已。我这次用的是 Wi-Fi机子，因为日本很多酒店里面不提供Wi-Fi 或者 Wi-Fi 信号很弱，所以以防万一，还是带个 Wi-Fi 机子更自由一些。网上也有很多，基本上租着去日本都是 18—25 元人民币一天，而且 Wi-Fi 机子很多都能提供 4G 网络，比较快。

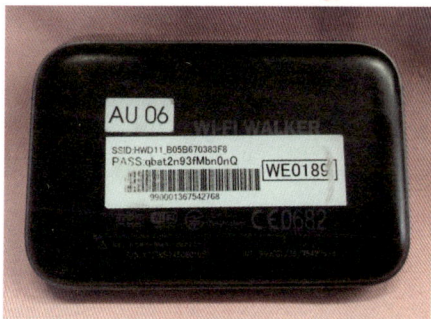

汇率

日元对人民币的汇率基本维持在 1 日元 = 0.0600—0.0700 元人民币，每天的汇率不一样，所以最好当天查看最新的汇率。

消费

日本的消费普遍较高，尤其是吃的方面，普遍会比国内要贵很多，跟香港的水平差不多。其他化妆品、药妆、电器、什么的就超级便宜了，基本上是香港的半价，大陆的价钱就更不用说了，反正日本真的很好逛，喜欢逛街的妹纸们多备点钱多备点卡，真的会买买买到破产的。

日本很多商家不能刷银联卡，而且不是每一台 ATM 都可以用银联卡取钱的！这个要注意！最保险的方法是带上你的信用卡，VISA、Master 都可以。如果实在要用银联卡取钱的话，可以去 7-11，里面的 ATM 可以用银联。

如果没有 7-11，可以看看 ATM 旁边贴的支持的卡，如果有银联标志的话就 OK。另外，我推荐的华夏卡，每天境外第一笔取款免手续费，建议大家可以去办一张。

关于退税

现在外国人在日本消费，只要是 Tax-Free 的店，都可以享受 8% 的退税，直接当场办理就可以了，但要有护照，所以要去购物的话一定要带上护照，不然没办法办退税的。另外，买了化妆品如果要退税的话，在日本期间不能打开的，这个一定要注意。如果想要马上用的话就不能购买可退

224

税的，要加上 8% 的消费税。

退税流程

1. 在有退税标志的商店购物，需满是规定的退税额度，例如至少达到 10000 日元。

2. 在收银台直接办理退税的，结账时出示本人护照原件；大商场在统一地点办理退税的，结账后带齐本人护照原件和购物小票到办理点办理退税。

退税须知

1. 持 90 天以内短期签证的外国游客可以退税。

2. 退税的时候一定要护照原件，而且不是所有的商场、所有的商品都可以退税。

3. 一般大型商场要满 10000 日元以上才可以享受退税，具体的额度可以咨询工作人员。

时差

日本比国内时间快 1 个小时，所以到日本后，记得要把手表调快一个小时。

北京时间 + 1 小时 = 当地时间

北京时间　日本时间

到达和离开

入境

1. 填写入境卡

在飞机上空姐会发放入境卡给国外的游客填写，内容都不难，按照指示填妥即可。

据说旧版的入境卡会在近期更新，但是填写的基本内容不会有太多的改动。

日本入境卡填写指南

2. 入境审查

飞机降落后，就可以拿齐证件和填写好的入境卡到海关审查处排队。现在日本入境实施新入境审查制度，需要拍照和留指纹，根据工作人员的指引操作即可。

3. 领取行李及海关检查

办理好审查后到行李转盘领取自己的行李，然后通过海关申报口，如有需要申报的物品则走红色通道，否则走绿色通道即可。

出境

1. 办理登机牌及托运行李

在航空公司柜台办理好自己的登机牌以及托运好行李，注意超过规定的液体需要托运，不可随身携带。如

日本资生堂的蓝色包装洗面奶需要托运，我在海关审查口的垃圾桶里看到很多因为不合规格被扔掉的洗面奶。

托运好行李后看清楚机票上的登记时间和登机口，以免错过航班。

2. 安全检查

在办完登机手续、进入登机区前，为保证旅客的乘机安全，还要接受一次手提行李和人身安全检查。按照安检人员的示意，出示登机牌，然后让手提行李和其他随身物品放入指定容器内接受射线检查，旅客则要通过金属探测门接受人身检查。

3. 办理海关手续（有需要者办理）

在日本期间如果如购买了大量免

税商品或是携带超过 100 万日元的现金，需要将携带出境的商品和免税单出示给海关，办理海关手续。

4.出境审查

将填写好的出境卡、护照、登机牌交给入国管理局的工作人员，经确认并加盖出境印章后，便可进入登机区。

5.准备登机

办理好审查手续后，可进入机场免税区购买免税商品，在规定的登记时间前往登机口登机即可。

日本国内交通

这个国家的交通服务真的是让人觉得贴心，我在安排行程的时候一直在查最方便、直接、快捷的交通方法和交通票，查到一个觉得还不错，突然发现还有其他的选择，看完这个那边怎么还有一个。基本就是处于这种状态把交通方式和交通的票给定下来的。下面我就直接说说我这次使用过的交通方式和交通票，然后写一下我

的推荐程度，是否购买还是看自己的决定。

还有提前说一下出租车，日本的出租车很贵，出了名的贵，基本上起步价就差不多 30 元人民币左右了，所以建议大家尽可能坐公共交通工具，出租车的话选择性乘坐。

东京及周边

东京拥有世界上最为复杂的公共交通系统，公共交通方式有 JR、地铁、公交车、出租车等。东京都地铁线路那叫一个眼花缭乱，最出名的是新宿车站，据说连东京本地人都会在那里迷路，找不到出来的路。

西高岛平
新高岛平
高岛平
西台
莲根
志村三丁目
本莲沼
板桥本町
区政府前板桥
志茂
王子神谷
王子
直通运行至浦和美园
埼玉高速铁道线
赤羽岩渊
赤羽
新庚申冢
巢鸭
大家站前
大家
新板桥
板桥
三田线
志村坂上
东武东上线
山手线

和光市
直通运行至森林公园

成地增铁
赤地家铁
和平台
冰川台
小竹向原
千川
要町

丸之内线
东池袋
四丁目
有乐町线
新大家
茗荷谷
白山
千石
本

光丘
练马春日町
丰岛园
练马

新江古田
落合南长崎
中井
西武新宿线
目白
东池袋
杂司谷
护国寺
江户川桥
后乐园
早稻田
早稻田
神乐坂
驹

直通运行至饭能

直通运行至三鹰
荻洼
中央线
中野
东西线
落合
高田马场
西早稻田
东新宿
新大久保
牛达神乐坂
饭田桥

南阿佐谷
东高圆寺
东高圆寺
中新野
东中野
中野坂上
西新宿
新宿
西口
鬼子母神前
若松河田
牛达柳町
曙桥
新宿线
市谷
九段下

大江户线
方南町
中野富士见町
中野新桥
中野
西新宿五月目
都厅前
新宿
新宿
三丁目
四谷
丸之内线
半藏门线
永

明大前
京王线
笹家
代代木
新宿御苑前
四谷
三丁目
青山一丁目
赤坂见附

京王井之头线
本高尾山口
直通运行至桥

直通运行至唐木田，本厚木
小田急线
代代木上原
下北泽
代代木公园
原宿
北参道
明治神宫前
千代田线
副都心线
半藏门线
外苑前
大江户线
溜池山王

直通运行至中央林间
东急田园都市线
涩谷
乃木板
赤坂

二子玉川
东急大井町线
银座线
表参道
六本木
六本木一丁目

自由丘
东急东横线
中目黑
惠比寿
日比谷线
广尾
神谷

田园调布
东急目黑线
目黑
南北线
麻布十番

直通运行至元町·中华街

大冈山
白金台
白金高轮
三田

直通运行至日吉
东急池上线
旗之台
五反田
浅草线
高轮台
泉岳寺
三田

西马达
马达
中延
户越
大崎
品川
田町

直通运行至三崎口
大井町
京滨东北线
京急蒲田
天空桥
羽田机场国际线候机楼
羽田机场国际线大楼

京急线

見沼代親水公園

直通运行至久喜，南栗桥　直通运行至取手
直通运行至南栗桥
荒　熊野前　舍人公园　町屋　千代田线　北千住
暮里·舍人线　町屋站前　绫濑　北绫濑　常磐线
田端　三之轮桥　京成线　金町　成田机场第2·第3候机楼
西日暮里　日暮里　三之轮　南千住　京成金町线　成日机场第1候机楼
押上

三之轮　东武晴空塔线　曳舟　北总线，成田SKYACCESS线
筑波快车线　青砥　京成高砂　京成八幡　芝山铁道线
千驮木　入谷　本所吾妻桥　东武龟户线　京成押上线　本八幡　京成成田　芝山千代田
上野　稻荷町　田原町　龟户　筱崎

京成上野　浅草　瑞江　一之江　船堀　东叶高速线
根津　新御徒町　藏前　总武线　锦丝町　大岛　西船桥
上野御徒町　仲御徒町　两国　半藏门线　东大岛　原木中山　成田线，总武线
上野广小路　御徒町　浅草桥　住吉　西大岛　妙典　直通运行至东叶胜田台
汤岛　末广町　马喰町　菊川　行德
御茶之水　秋叶原　马喰横山　森下　南行德　西船桥
丸之内线　岩本町　东日本桥　滨町　浦安
新御茶之水　淡路町　神田　小传马町　清澄白河　葛西
小川町　新日本桥　人形町　水天宫前　南砂町　东西线　津田沼
半藏门线　三越前　日本桥　茅场町　东阳町
二重桥前　京桥　宝町　木场　千叶
东京　八丁堀　门前仲町　京叶线
三田线　银座一丁目　新富町　丰洲　辰巳　新木场　舞滨
有乐町　日比谷　月岛　迪士尼度假区线
樱田门　有乐町线　筑地　国际展示场　有明
议事堂前　银座　东银座　胜鬨
霞关　浅草线　国际展示场
内幸町　大江户线
银座线　新桥　筑地市场
御成门　大门　汐留
芝公园　滨松町　海鸥　临海线
东京单轨铁路

浅草线	银座线
三田线	丸之内线
新宿线	日比谷线
大江户线	东西线
JR山手线	千代田线
JR线	有乐町线
私铁线	半藏门线
都电荒川线	南北线
日暮里-舍人线	副都心线
○ 站点	□ 换乘站

如果在东京市内活动的话，地铁完全能够满足绝大部分的出行需求。而作为短暂停留的游客来说，如果每天的行程安排很满，我个人会比较推荐购买东京地铁一日券。另外还有两日券和其他的优惠券供游客进行选择，包括的路线和时长不一样，可以根据自己的需求进行购买。

东京地铁一日券

价格：600 日元

推荐程度：★★★★

东京地铁官网：www.tokyometro.jp/cn/index.html

东京地铁旅游特价车票网站：www.tokyometro.jp/cn/ticket/value/index.html

东京的地铁实在是太混乱了，买个一日券可以节省很多工夫。但是要留意，一日券不是每条地铁线都可以搭乘的，因为东京的地下铁也分不同公司的，一部分可以用一日券，一部分可以用 JR（JR Pass 又派上用场啦）。所以大家可以先规划一下自己的路线，再看看要不要购买。另外很多人推荐的西瓜卡我没有买，虽说买东西搭车很方便，但是因为我的习惯问题，我还是喜欢那种无限次搭乘的票，如果安排的行程比较多的话可以购买。这种一日票的价钱是成人：600 日元、儿童：300 日元。

还有其他的车票可以选择，大家可以根据自己的需要和当天要去的行程来安排买什么类型的车票。参考网站：www.tokyometro.jp/tcn/ticket/value/travel/#anc02

关西地区

如果你的目的地有关西地区，但又不知道该买哪种交通票的话，可以在这里做个测试，就可以知道最适合自己行程的票了，网址为：kyoto.tripuzzle.net/lab/ticket.php#T10。

关西及周边地区常用交通网站		
名称	网址	二维码
近铁官网	www.kintetsu.co.jp/foreign/chinese-han/index.html	
近铁时刻表	eki.kintetsu.co.jp/norikae/T5?USR=PC&slCode=360-0&d=1&dw=0	
各种车票套餐	www.kintetsu.co.jp/foreign/chinese-kan/ticket/index.html	
奈良斑鸠一日券	www.kintetsu.co.jp/senden/Railway/Ticket/ikaruga	
JR 奈良时刻表	ekikara.jp/newdata/line/2701151/down1_1.htm	
奈良交通局官网	www.narashikanko.or.jp/tw/access	

关西机场交通

关西机场的第一航站楼和第二航站楼隔得比较远，接驳车据说要10分钟的路程，而且接驳车需要等，如果时间赶的话建议坐大巴，可以直接到。如果航班直接到第一航站楼的话，乘坐大巴、电车前往市区都可以。关西机场官方网站：www.kansai-airport.or.jp/tw/access/index.html。

关西机场到大阪：我们是用KTP坐南海电铁到难波，再转地铁去酒店的。

京都到关西机场：因为是早上8点的飞机，我们就选择坐机场大巴去机场，全程88—92分钟，可以直接送到第一航站楼和第二航站楼，很方便。一个人2550日元。

关西周游卡

价格：约310元人民币（成人3日券）/约238元人民币（成人2日券）

推荐程度：★★★★★

网站：www.surutto.com/tickets/kansai_thru_hantaiji.html

关西周游卡（Kansai Thru Pass，简称KTP）是我很推荐的关西周游票，因为它覆盖的范围很广，能够自由乘坐关西一带的地铁、私铁及巴士。该卡还能用于大阪、神户、京都以至奈良、和歌山、高野山的观光旅游，而且最重要的是可以不连续使用，只要是在有效期内，随便哪天使用都可以。这个可以给大家一些自由空间，不用把行程安排得太紧张。而且到达关西国际机场后，可以乘坐从关西机场站始发的南海电车（特快的需要加钱），这个也是很大的亮点。可以在关西国际机场的咨询台买到，很方便。

每次搭乘车票后面都会打上当天的日期时间、搭乘的车站、用途以及剩余天数，无论是私铁、公交车、地下铁都会打上标记，这样可以方便规划行程和什么时候使用。如果在关西待的天数比较多的话可以多买几张备着用。

ICOCA&HARUKA

价格：约180元人民币（单程）/约245元人民币（往返）

推荐程度：★★★

网站：www.westjr.co.jp/global/tc/travel-information/pass/icoca-haruka

很多人都在推荐 ICOCA，因为它

可以用来乘坐关西地区等处的 JR 和地铁、私营铁路、公交车等交通工具以及购物，而且可以退押金什么的，还可以使用关西机场特快"HARUKA"

折扣券往返关西机场与大阪、京都地区之间。

我没有买，纠结了很久，所以这里只说说自己为什么决定不买的原因，是因为它不到大阪，到达的是新大阪，这里离大阪市区有一段距离。所以如果到达关西机场之后的第一站是大阪的话，我不太建议购买，因为交通方面并不太方便。如果第一站直接是京都的话，就可以购买，因为可以直接到达京都站，路程只需要75分钟。所以还是要看个人的行程安排来决定是否购买。

京都一日券

价格：约30元人民币/天

推荐程度：★★★★★

网站：www.kyotobus.jp/route/fare/discount/free/post-22.html

到京都第一件事果断是买巴士

一日券。在车站就可以买，有很多酒店和旅舍也可以买，听说可以直接跟司机叔叔买，这个我没试过大家可以去试试。在京都巴士是最方便便宜的

交通工具，而且基本上每个景点都可以到。巴士是统一价钱的，单程就是230日元，一张巴士一日券是500日元无限次搭乘，随便坐个3趟就能赚回来了。而且京都的巴士票很萌，是卡通形象的。

大阪

作为关西的主要大城市，大阪的交通也是非常方便的，市内公共交通有有轨电车、巴士、地铁等，还可以乘坐出租车或者选择自驾（需要有日本承认的国际驾照）。

大阪一共有9条地铁线，比较常去的新大阪、梅田、心斋桥、难波和天王寺都可以通过搭乘地铁到达。

JR线路沿着大阪外部环形运转，去USJ的最快方式就是乘坐JR。另外从天王寺站有通往奈良、和歌山方向的列车，去周边城市也非常方便。

大阪交通局官网：www.kotsu.city.osaka.lg.jp/foreign/chinese.html

大阪周游卡

价格：约138元人民币（1日券）/约180元人民币（2日券）

推荐程度：★★★

网站：www.japan-osaka.cn/osp/ch/index.html

大阪周游卡可以在大阪无限次乘坐电车和巴士，但是是需要连续使用的。这个周游卡的特点是可以免费进入28个观光点。另外，还有各种优惠和餐厅折扣，具体的大家可以看网站里面的介绍，写得很详细。

为什么我在这里只打了3个星星呢？我当初买票的时候就打算贪方便的，以为去USJ可以坐电车去，结果到了那里，很多人都叫我们去坐JR会更方便，所以买的2日券用了大概半天左右，那些免费的观光也只去了一个，所以推荐程度只是因为自己的行程安排问题。如果在大阪的时间比较多，安排的观光点比较多的话，这个还是挺好用的，因为可以节省买票的时间。大阪周游卡也可以在关西机场的咨询台买到。大阪周游卡1日券和 2 日券的使用范围是不一样的，购买之前要看清楚。

奈良

去奈良的话通常都是从大阪或者京都走，而比较多人选择的交通方法有两个：JR、近铁。JR 奈良离东大寺那些景点比较远，近铁比较近，所以去奈良不想走太多的话还是建议选择近铁。

如果选择 JR 的话，就是用上面说的 JR Pass 就可以了。如果选择近铁的话，可以选择 KTP 或者斑鸠一日券。利用斑鸠券，可以在当天无限次搭乘京都地下铁＋京都至奈良区间的近铁＋奈良的巴士。所以说如果只安排奈良一个点的行程的话，斑鸠券还是挺划算的。

奈良交通官网：www.narakotsu.co.jp/language/cn

斑鸠一日券			
购买地点	价格	购买地点及信息查询网址	二维码
京都	1630 日元	www.city.kyoto.lg.jp/kotsu/page/0000033599.html	
大阪	1650 日元	www.kotsu.city.osaka.lg.jp/general/eigyou/price/jyousyaken_annai/otoku-joshaken_tsunen/h26_nara_ikaruga.html	

从大阪、京都到奈良的交通	
出发地	详解
大阪	近铁难波→快速急行（奈良线）32 分钟→近铁奈良
	本町→地铁·近铁东大阪线（30 分钟）→生驹→快速急行（近铁奈良线）12 分钟→近铁奈良
	JR 大阪→直通快速（环状线·大和路线）48 分钟→ JR 奈良
关西机场	关西机场→关西机场线（29 分钟）→天王寺→快速（大和路线）29 分钟→ JR 奈良
	关西机场→南海ラピート（南海本线）29 分钟→难波→特急（近铁奈良线）31 分钟→近铁奈良
	关西机场→机场大巴约 95 分钟→ JR 奈良站前
大阪机场	大阪机场→机场巴士约 30 分钟→近铁上本町→快速急行（近铁奈良线）29 分钟→近铁奈良
大阪南港	大阪南港→渡口始发站（フェリーターミナル）→ニュートラム线（9 分钟）→住之江公园→大阪地铁（13 分钟）→天王寺→快速（大和路线，29 分钟）→ JR 奈良
	大阪南港→渡口始发站（フェリーターミナル）→ニュートラム线（9 分钟）→住之江公园→大阪地铁（13 分钟）→难波→快速急行（近铁奈良线，32 分钟）→近铁奈良
京都	近铁京都→特急 33 分钟·急行 41 分钟（近铁京都线）→近铁奈良
	JR 京都→普通（JR 奈良线）58 分钟→ JR 奈良

现在还有一种 KINTETSU RAIL PASS 1 日券和 2 日券（大阪—奈良—京都），可以更好地方便行程安排。大人 1 日券 1500 日元，儿童票 750 日元；2 日券 2000 日元，儿童票 1000 日元。有效期内在固定的区域可以自由上下车。

官方网站介绍：www.kintetsu.co.jp/foreign/chinese-kan/ticket/krp_1day2day.html

宇治、伏见

如果打算不太深入玩的话，奈良和这两个地方可以放在同一天，如果想深入玩的话可以奈良一天，宇治＋伏见一天。因为我是一天走完的，我就按照我走的方法介绍这一部分吧。

1.JR

JR 相对来说是方便的，因为一条线可以走完。但是这个就需要 JR Pass，而且如果我没有记错的话，JR 的用时会相对长一点。

2.近铁

这是我这次用的方法，需要转车，但是用 KTP（关西周游卡）就不怕，反正无限次搭乘。要记住丹波桥站，这个是换乘站。我们那天是直接从京都坐近铁到奈良，然后从奈良去宇治或者伏见的话，就要记住以下的步骤。

先从奈良搭乘近铁到丹波桥下车，换乘到京阪电车，然后就会是下面这个路线图了。从丹波桥搭车到中书岛，中书岛再换乘宇治线，就可以到达宇治。如果不去宇治，换乘京阪电车之后，直接从丹波桥坐车到伏见稻荷就可以了。另外坐 JR 奈良线的话，坐到东福寺，一样可以换乘近铁去这些地方。

总结一下，无论从奈良还是京都出发，都可以通过近铁—丹波桥—京阪电车—中书岛—宇治线—宇治的线路或者近铁—丹波桥—京阪电车—伏见稻荷的线路走完景点。

北海道地区
新千岁机场到札幌市区

新千岁机场位于日本北海道千岁市与苫小牧市交界，是日本国内面积第一大的机场，距离札幌有一段距离。到达新千岁机场后可以通过巴士或 JR 的交通方式前往札幌，另外新千岁机场有很多主题活动和餐厅，如果行程安排比较宽松，可以预留一些时间在

微微一笑倾人城

新千岁机场逛一逛，说不定会有惊喜的发现。

官网：www.new-chitose-airport.jp/tw/access

我们坐的是 JR，1070 日元，37 分钟就到了。

到札幌的时刻表：www.new-chitose-airport.jp/tw/access/jr/timejr

札幌、旭川、小樽

在北海道基本上用的都是 JR Pass。旭川动物园号的运营时间、游览时间等都可在 JR Pass 北海道网站找到：www2.jrhokkaido.co.jp/global/cn/index.html 。

如果要坐旭川动物园号的话一定要提前预订，要在 JR 站预订，每天只有两趟车，一趟早上 8 点半从札幌去旭川，一趟下午 4 点 05 分从旭川回札幌，很快就会卖完。所以最好提前去订，如果赶不上早上的可以赶下午回来的车，在旭川动物园的游览时间大概是 2～3 小时，期间还有乘坐公交车的时间需要考虑。

另外，旭川动物园号全车预订席，所以不能像其他 JR 车一样直接上车。另外还有优惠套票可以选择，含旭山动物园交通套票与旭山动物园门票的超值组合套票，无须在动物园售票窗口进行门票兑换即可直接入园，都可在该网站上查到。

函馆巴士一日券

价格：800 日元

推荐程度：★★★★★

网站：www.hotweb.or.jp/hakobus/newpage115.htm

在函馆玩，巴士是一个很不错的选择，基本上要去的地方都能到。买了巴士票之后把当天日期的那一个圈圈刮掉就可以了。出发前可以在函馆站的旅游咨询处问工作人员拿巴士的时刻表，上面都有每个时间段的发车时间，没有特殊情况基本上都是可以准时发车的。看好时间、看好乘车的站台就可以了，表格上面都写得很清楚，也方便安排接下来的行程。

如果不买一日券的话，就要按照车上显示的价钱付车费。上车会有整理券，抽出一张，然后每张上面会有上车的编号，如果是分段收费的车，屏幕上会显示每个编号对应的车资，下车的时候按照显示的费用给钱就可以了。日本很多巴士可以找钱的，所以没有足够零钱的话也不要紧。

函馆的电车也很出名，如果大家的行程包含了巴士和电车的话，可以购买混合一日券或两日券。电车一日券网站：www.city.hakodate.hokkaido.jp/docs/2014012100977 。

JR Pass

价格：1400 元人民币

推荐程度：★ ★ ★ ★ ★

网站：www.japanrailpass.net

其实我在换车票之前都还一直搞不懂 JR Pass 的具体使用方法，因为我看了很多地方都没有详细说过，这让我在购买之前很纠结，一张票也不便宜，7 天的通票是 1500 元人民币左右，14 天的要 2000 多人民币，如果买了发现其实并不好用的话就麻烦了，而且不是所有的交通工具都能用的，例如东京的绝大多数地铁、公交车之类的都不能用。后来刚好碰到双12 又做了很多功课，最后还是决定买了，在网站上面买的，一张 7 天的 JR Pass 是 1400 元人民币。为什么去 13 天只买了 7 天的 JR Pass ？

关于 JR Pass 该不该买的问题

如果你的行程里面有大范围移动的话，我建议你买 JR Pass。因为日本新干线的价钱很高，买了 JR Pass 第一省事，第二省钱。7 天之内 JR 线随便搭，可以安排多一点行程在里面，换票不像法国需要另外付钱，直接在 JR 站换票就可以了。如果还不清楚概念的话，我给你举个例子，买一张 7 天的 JR Pass，如果你的行程有大阪和东京的往返行程的话，就能把整张票的钱给赚回来了，其他几天的 Pass 都是等于送的。这样想的话就大概有概念了吧。

如果行程只是在小范围移动的话，我就建议不用买 JR Pass 全国版，可以买北海道、东日本、关西版、什么的，这些更划算。或者直接购买关西通票，不用买 JR Pass 全国版。日本各地都有很多的交通通票供旅客选择，好的方面就是选择多，可以按照自己的需求去选择，不好的方面就是选择太多，要花很多时间去看哪个适合自己。

关于买哪种 JR Pass 的问题

不是说去多少天就买多少天的 JR Pass 的，所以去日本的话我会建议大家出发前把大概的行程给安排好。先看好需要用 JR Pass 的天数是多少再决定购买的种类。我这次是从第 4 天开始用，一直用到第 10 天。其中包括了北海道所有的新干线交通（札幌—旭川往返，札幌—小樽往返，札

幌—函馆），函馆—东京，东京—京都。这样安排就可以很大程度的利用到 JR Pass 了。其他的几天就是用各种一日乘车券和 KTP（下面会说到）。

关于 JR Pass 的购买和使用

在某宝买了 JR Pass 之后，需要提供使用者护照号和姓名，因为以后换票的时候需要对照护照。过几天店家就会寄来每人一本绿色封面的凭证，记得要拿好。JR Pass 不是到日本就马上要去换的哦，切记！！因为它是从换票当天开始算天数的，如果不是马上使用的话不要心急，到了要使用的当天再去 JR 的换票点换票就可以了。换票的时候提供那个凭证和护照，工作人员会核对信息，然后会给你一份这样的车票，就先叫做大车票吧。

如果已经安排好了未来几天的行程的话，可以当场就让工作人员帮忙订车票，因为 JR Pass 是可以免费预订固定座位的，提前预订的话就可以避免上车时没有位置的尴尬和不便。新干线的预订席还是很紧张的，经常会被预订满，所以提前预订很有必要。预订

的时候先看好时
间和出发地目的地，然
后让工作人员帮忙看有没有
空座位，有的话就预订，没有的
话就自己决定是上车找座位还是换
另一趟车。预订好之后，工作人员就
会把打印好的车票整理好（真的是用回
形针整理好），然后核对时间和信息。这
个就先叫做小车票。如果需要改时间的话可
以提前去 JR 站改，但是如果错过了时间，那
张预订座位的票就自动作废了，这个要注意。

　　拿好大车票和小车票就可以屁颠屁颠的无
限次坐 JR 啦。进站的时候不用走闸门那里，
直接走列车员办公室旁边的那条道，然后出示
大车票，因为通常用 JR Pass 的都是外国人，
工作人员也就看一看，不需要太多的交流，
所以英语不好的童鞋不用担心。进去之后
就可以把车票收好了，在车上有可能会有
列车员检票，这个时候就要把大车票和
小车票一起给他看。当然，如果没有
预订座位的话是没有小车票的，直
接给大车票就可以了。

住过的酒店

东京地区
银座首都饭店（新馆）

中规中矩的商务酒店，女士可以拿小礼品，有橡皮筋、化妆棉什么的，楼下有餐厅，早上有免费咖啡，走去银座大概 10—15 分钟，路上很多小餐厅，如韩式烤肉、中餐馆、日式料理等。房间比较小，也是很干净的，可以在前台买地铁一日券，工作人员会帮助解答很多问题。重点是这里走到筑地市场非常近，大概 5—10 分钟就能到了，很方便。楼下就是地铁口，交通也很方便。还有免费的接驳车送到东京车站。楼下有便利店，可以买到食物和生活用品。

地址：东京都中央区筑地 3-1-5
电话：03-35438211
交通：搭乘地铁日比谷线到 Tsukiji 站，步行 200 米即可到达
网址：www.ginza-capital.co.jp

东京八丁堀 Dormy Inn

能订到这件旅馆也是很幸运的。我预订的时候已经比较晚了，由于刚好碰到 12 月 31 号，东京的房间已经 99% 都预订出去了，剩下的 1% 是胶囊旅馆，我就想如果在胶囊旅馆跨年会很心酸，然后查各种还有空房间的酒店，好不容易查到这家酒店还有房间，但是那个网站写的名字没听过，所以心里不确定该不该订，纠结了很久终于

还是订了，至少有地方住。后来仔细一查，评分基本上都是 8.8—9 分的，评价都很高！

Dormy Inn 是日本很出名的连锁酒店，住了才知道真的很好。前台有免费的茶和咖啡，房间算大的，很干净这个就不说了，重要的是有免费的温泉（这里的温泉是全裸下池的），而且温泉里面的东西很齐全，桑拿、温泉、风吕都有。泡完温泉有全套的 POLA 洗面奶、乳液、爽肤水可以用。在温泉区还有洗衣机提供，可以把积攒了几天的衣服洗干净。这里的早餐也很丰盛、很好吃，给我们的 2015 年开了个好头。而且每天会有几班免费的接驳车把需要出行或者换城市的旅客送到东京站。有了这次的入住经历，下次再去日本的话 Dormy Inn 旗下的酒店会在我的首选范围里面。

> 地址：东京都中央区新川 3-1-5
> 电话：03-55416700
> 交通：搭乘地铁日比谷线到 Hatchobori 站，步行 2 分钟即可到达

关西地区
大阪京桥京阪酒店

交通很方便，楼下就是 JR 站，去京都、奈良、USJ 都很方便，而且有很大的百货商店，逛街吃东西什么的都很方便。不过距离道顿崛心斋桥有一点距离。

酒店里面很干净，工作人员态度很好，虽然英语水平比其他地方稍微弱一点点，有问题还是可以问他们。房间大小适中，很干净，应该有的东西都有，沐浴露洗发水都是 POLA 的，而且洗衣服免费。

> 地址：大阪市都岛区东野田町 2-1-38
> 电话：06-63530321
> 交通：从 JR Kyobashi 火车站步行 1 分钟
> 网址：www.hotelkeihan.co.jp/kyobashi

樱花京町家旅馆

这一间是这一趟旅行住得最贵的房间，不过刚好在 1 月 1 号和 1 月 2 号，价钱贵一点也是可以理解的。到了京都一定要体验一下最传统的日式町屋，这间是我找了好久，性价比算

高的。工作人员的英语很好，可能是因为有很多外国人住的缘故，可以在前台买京都一日巴士券。房间很干净，很大，有日式浴衣可以穿，沐浴露洗发水都是资生堂的，还可以免费使用厨具，可以自己买东西回来，在房间里面做饭。还可以预订茶道等一系列日式体验。旅馆离京都站大概有 15 分钟的路程，不过门口就是公交车站，所以坐公交车很方便。对面就是西本愿寺，也是京都很著名的景点之一。楼下有便利店，可以买到食物和生活用品。早餐很好吃，不过需要另外付钱购买。还是很推荐的，很不错的一家旅馆。

地址：京都市下京区仏具屋町（油小路通）232

电话：075-3433500

交通：从西本愿寺东门步行或从京都火车站向北步行可到

网址：www.kyoto-ryokan-sakura.com/index_en.html

京都法华俱乐部酒店

订这个酒店的原因是它就在京都站对面，我们最后一天是早上的飞机，5 点多就要坐大巴去关西机场，这里走到机场巴士站很近。前台在 2 楼，需要搭乘手扶电梯上去，只要一上去，前台的工作人员就会鞠躬问好。女士入住的话可以在大堂免费领取面膜、橡皮筋等小礼物，房间比较小，一样很干净，而且每天打扫完会有一只千纸鹤放在桌上。楼下有餐厅，还有宇治抹茶分店，走到京都站也就 3 分钟，逛街什么的非常非常方便，旁边就是京都塔。楼下还是京都巴士站，交通超级无敌方便。因为我最后一天到，来不及去寄明信片，所以提前拜托工作人员帮我寄，退房的时候把明信片交给他们就可以了，服务态度很好！

地址：京都市下京区塩小路通室町东入东塩小路町 579—16

电话：075-3611251

交通：京都火车站步行 1 分钟

网址：www.hokke.co.jp/2601

北海道地区
札幌菲诺最佳西方酒店

很久之前就已经看中了这家酒店。地段很好，从札幌站走到酒店才 5—7 分钟，工作人员服务态度很好，早餐很好吃，餐厅在顶楼，可以看着风景吃早餐。房间相对来说算比较大的，很干净，每天会有手写的天气预报放在大堂里面。洗衣服和烘干要收费。旁边就是北海道大学，楼下有餐厅，如果不想出去吃，可以直接下楼吃，味道好像也不错。

地址：札幌北区北 8 条西 4-15

电话：0081-11-7294055

交通：从札幌火车站步行 3—5分钟

函馆青空旅舍

这是这趟旅途唯一一间民宿，也是我期待很久的。住了才知道为什么可以拿到 Booking 9.3/10 的高分了。从函馆车站走到民宿只需要 3 分钟的路程，老板娘 70 岁了，看起来像 50 岁，她的母亲已经 90 岁。老板娘的英语虽然不算十分流利，但是可以进行基本沟通，重点是人非常亲切！民宿真的很干净，有榻榻米的味道，搞卫生的都是几个老婆婆，人很和蔼可亲。房间在二楼，没有电梯，带大件行李的需要考虑一下。这里都是日式的榻榻米，房间较小，但是同样该有的东西都有。房间里面没有独立洗手间，上厕所洗澡的话要去一楼或二楼的公共卫浴。我订房的时候刚好有一个人取消了预订，就十分幸运地拿到了最后一间房！对面就是 7-11，买东西取钱什么的都很方便。在民宿洗衣服的话 100 日元，我们刚到的那天洗了衣服，因为想抓紧时间出去玩，老板娘就说没事你们出去吧，等一下洗好了我帮你们晾起来。晚上回到民宿发现衣服整整齐齐地晾好了。因为洗衣机是老式的，声音比较大，晚上 9 点之后就不能用洗衣机了，怕会打扰到其他人休息。这里不提供早餐，但是离函馆朝市就 5—10 分钟的脚程，走过去吃就好了。我们早上出门的时候，老板娘急忙跑出来给我们送了两罐北海道咖啡，每次出门都送到门口，最后离开的时候一直目送我们拉着行李走到转弯角了才离开，这就是为什么我更喜欢住民宿的原因。

地址：函馆市若松町 22 番 4 号
电话：0138-224978
交通：函馆火车站步行 3 分钟
网址：www10.plala.or.jp/aozora-inn

现在是巴黎时间晚上 10 点，北京时间次日凌晨 4 点，相差 6 个小时。

从日本回来已经快半年了。

这本书完成在法国一个西部小城市——昂热，我将会在欧洲以交换生的身份度过一个月的时间，过几个星期会去比利时，再回到巴黎。

这是一个很好很好的城市，不像法国其他大城市那样杂乱，这里闲适，人也很友好。因为是夏天，这里每天晚上十点半才天黑，早上 6 点天又会亮起来。从我宿舍的窗户望出去就能看到一个教堂，每天正点的时候会敲响顶楼的大钟。晚上 10 点的钟声刚刚敲响，而我应该会在它敲响第 11 声之前写完这一段最后想说的话。

从 2012 年起我就开始写游记，从那个时候开始，能够把我的旅游故事写成书一直是我的愿望。我不是会写矫情故事的人，也不喜欢浪费篇幅，喜欢直接说到重点，而且是看我书的人真正想知道的重点。所以我真心希望这篇日本游记可以帮到你们，可以让你

们在策划日本之旅的时候少走弯路。

当然，因为这些信息的时效性，有可能你们去日本的时候有些细节会有些变化，我先在这里说声不好意思。

再次修改这篇游记时是从日本回来后的第 5 个月，这段时间游记在各大旅游网站的点击率很高，也成为某知名旅游网站中，日本目的地的宝藏游记，在这里再次感谢大家对我的支持。

重新修改文章的时候才发现自己的笔头有点钝，怎么写都写不出自己心里的感觉。就像我美国一个朋友说的：

"I can share the photos and tell the

stories to my family and friend, but it is nothing like being there."

在日本第一次看到雪的感觉，到现在想起来还是能让我怦然心动。那个最温暖的圣诞节也是我回来之后说得最多的故事。但是怎么说、怎么写，怎么都表达不出当时那种激动感动的感觉。

原谅我拙劣的文字表达能力。

旅行，很多人喜欢给它赋予意义，逃离现实，寻找自我，看看另一个自己，等等。

微博上老是疯传的那些文字，给"旅行"这个词语冠上了这样那样的定义。而对于我来说，旅行没有那么多那么多的含义。很单纯的就是，在年轻的时候，多走走看看，会发现这个世界真的跟你想的不一样。

一千个人，就有一千个旅行的意义。